# PSICOSSOMÁTICA E PSICANÁLISE

## DE SUAS ORIGENS TEÓRICO-CLÍNICAS A CONTEMPORANEIDADE

**Organizadora**
*Ramona Edith Bergottini Palieraqui*

**Organizadora de Normas Técnicas**
*Maria Angélica Gabriel*

**Autores**
*Bernardo Arbex de Freitas Castro, Christine Machado Victorino, Dirce de Sá, Luciane Alfradique, Marcia Maria dos Anjos Azevedo, Maria Angélica Gabriel, Nataly Netchaeva Mariz, Ramona Edith Bergottini Palieraqui, Regina Glória Nunes Andrade e Vanuza Monteiro Campos Postigo*

# PSICOSSOMÁTICA E PSICANÁLISE

## DE SUAS ORIGENS TEÓRICO-CLÍNICAS A CONTEMPORANEIDADE

Freitas Bastos Editora

Copyright © 2025 by Bernardo Arbex de Freitas Castro, Christine Machado Victorino, Dirce de Sá, Luciane Alfradique, Marcia Maria dos Anjos Azevedo, Maria Angélica Gabriel, Nataly Netchaeva Mariz, Ramona Edith Bergottini Palieraqui, Regina Glória Nunes Andrade e Vanuza Monteiro Campos Postigo

Todos os direitos reservados e protegidos pela Lei 9.610, de 19.2.1998.
É proibida a reprodução total ou parcial, por quaisquer meios, bem como a produção de apostilas, sem autorização prévia, por escrito, da Editora.
Direitos exclusivos da edição e distribuição em língua portuguesa:
**Maria Augusta Delgado Livraria, Distribuidora e Editora**

**Direção Editorial:** Isaac D. Abulafia
**Gerência Editorial:** Marisol Soto
**Diagramação:** Sofia de Souza Moraes
**Copidesque:** Tatiana Paiva
**Revisão:** Doralice Daiana da Silva
**Capa e ilustração**: Phellipe Colman Davila dos Santos

Dados Internacionais de Catalogação na Publicação (CIP) de acordo com ISBD

| | |
|---|---|
| P974 | PSICOSSOMÁTICA E PSICANÁLISE: DE SUAS ORIGENS TEÓRICO-CLÍNICAS A CONTEMPORANEIDADE / Bernardo Arbex de Freitas Castro ... [et al.] ; organizado por Ramona Edith Bergottini Palieraqui ; coordenado por Maria Angélica Gabriel. - Rio de Janeiro, RJ : Freitas Bastos, 2025200 p. : 23cm x 15,5cm. |
| | ISBN: 978-65-5675-469-7 |
| | 1. Psicanálise. 2. Psicossomática. I. Castro, Bernardo Arbex de Freitas. II. Victorino, Christine Machado. III. Sá, Dirce de. IV. Alfradique, Luciane. V. Azevedo, Marcia Maria dos Anjos. VI. Gabriel, Maria Angélica. VII. Mariz, Nataly Netchaeva. VIII. Palieraqui, Ramona Edith Bergottini. IX. Andrade, Regina Glória Nunes. X. Postigo, Vanuza Monteiro Campos. XI. Título. |
| 2025-74 | CDD 150.195<br>CDU 159.964.2 |

Elaborado por Vagner Rodolfo da Silva - CRB-8/9410

Índice para catálogo sistemático:
1. Psicanálise 150.195
2. Psicanálise 159.964.2

**Freitas Bastos Editora**
atendimento@freitasbastos.com
www.freitasbastos.com

# SUMÁRIO

**PREFÁCIO**     9

**APRESENTAÇÃO**     13

**1 ARTIMANHAS DO ISSO SOB O PONTO DE VISTA DE GRODDECK**     19

   1.1 INTRODUÇÃO     19
   1.2 O ISSO – DEFINIÇÕES E FUNÇÕES     21
   1.3 DECIFRANDO E TRATANDO OS SINTOMAS PSICOSSOMÁTICOS     31
   1.4 CONSIDERAÇÕES FINAIS     38
   REFERÊNCIAS     40

**2 CORPO DE ADOECIMENTO: A TRANSGERACIONALIDADE EM PERSPECTIVA**     44

   2.1 INTRODUÇÃO     44
   2.2 A SUBJETIVAÇÃO     45
   2.3 O CORPO COMO VEÍCULO DA LIGAÇÃO E A PERSPECTIVA TRANSGERACIONAL     49
   2.4 DENÚNCIAS SILENCIOSAS NO CORPO     55
   2.5 UM OLHAR A PARTIR DA CLÍNICA     56
   REFERÊNCIAS     60

**3 ONDE TEM EXCESSO TEM PROBLEMA**     64

   3.1 INTRODUÇÃO     64
   3.2 PSICOSSOMÁTICA E AS COMPULSÕES     67
   3.3 COMPULSÃO ALIMENTAR     70
   3.4 CONSIDERAÇÕES FINAIS     76
   REFERÊNCIAS     80

## 4 TECNOCORPOS, DATIFICAÇÃO E CIBORGUES: SOBRE O SÉCULO XXI E A IDEAÇÃO PSICOSSOMÁTICA     82

- 4.1 O CORPO DA MODERNIDADE: A ASCENSÃO DA MEDICINA E O CORPO DA CIÊNCIA     82
- 4.2 O CORPO DA PÓS-MODERNIDADE E SUAS VICISSITUDES: TECNOFILIA, TECNOCORPOS E CIBORGUES     84
- 4.3 DATIFICAÇÃO, CULTURA DA PERFORMANCE, OTIMIZAÇÃO DO CANSAÇO: A IDEAÇÃO PSICOSSOMÁTICA E O CONTEMPORÂNEO     87
- 4.4 A PSICOSSOMÁTICA PSICANALÍTICA À ESCUTA DO CORPO: ALGUMAS CONTRIBUIÇÕES DE PIERRE MARTY     90
- 4.5 O SOFRIMENTO DA IDEAÇÃO PSICOSSOMÁTICA E O CIBORGUE     94
- REFERÊNCIAS     97

## 5 POR UMA PSICOSSOMÁTICA NARRATIVA: SOBRE AS "FALAS" DO CORPO     101

- 5.1 O CORPO: PALCO, ENCONTRO, CONTATO     105
- 5.2 CORPO COMO EXPERIÊNCIA DE EXISTIR     108
- 5.3 O EU E O OUTRO: DOIS CORPOS EM RELAÇÃO     111
- 5.4 O CORPO EM ANÁLISE: NARRATIVAS A DOIS     115
- REFERÊNCIAS     118

## 6 UM CORPO PARA SE VIVER: REFLEXÕES SOBRE A ABORDAGEM TEÓRICO-CLÍNICA LACANIANA DA PSICOSSOMÁTICA     123

- 6.1 CONSIDERAÇÕES PRELIMINARES     123
- 6.2 O CORPO PSICANALÍTICO: UM CORPO RECORTADO PELA PULSÃO     125
- 6.3 A BOLSA OU A VIDA? UM OBJETO É PERDIDO PARA O SUJEITO VIVER     127
- 6.4 HOLÓFRASE: A SOLDAGEM SIGNIFICANTE     128
- 6.5 UM CORPO PARA SE ESCUTAR: O CASO JOANA     131
- 6.6 ALGUMAS DISCUSSÕES     132

| | | |
|---|---|---|
| 6.7 | UMA CONCLUSÃO: PARA SE FAZER CORPO | 135 |
| | REFERÊNCIAS | 137 |

## 7 A MARCA DA DOR NO REAL DO CORPO — 139

| | | |
|---|---|---|
| 7.1 | DE FREUD A LACAN | 139 |
| 7.2 | A PSICOSSOMÁTICA E A PSICANÁLISE | 140 |
| 7.3 | RECORTE CLÍNICO | 144 |
| 7.4 | CONSIDERAÇÕES FINAIS | 148 |
| | REFERÊNCIAS | 148 |

## 8 DISTÚRBIOS PSICOSSOMÁTICOS NA CLÍNICA WINNICOTTIANA: DA TEORIA À PRÁTICA — 150

| | | |
|---|---|---|
| 8.1 | INTRODUÇÃO | 150 |
| 8.2 | A TEORIA DO AMADURECIMENTO EMOCIONAL | 151 |
| 8.3 | PROCESSO DE ALOJAMENTO DA PSIQUÊ NO CORPO | 154 |
| 8.4 | PSIQUÊ, SOMA E MENTE | 155 |
| 8.5 | A SAÚDE FÍSICA E A SAÚDE PSÍQUICA | 158 |
| 8.6 | OS DISTÚRBIOS PSICOSSOMÁTICOS EM WINNICOTT | 159 |
| 8.7 | DISTÚRBIO PSICOSSOMÁTICO: O NEGATIVO DO POSITIVO | 160 |
| 8.8 | ESTUDO DE CASO | 162 |
| 8.9 | ANÁLISE DO CASO | 166 |
| 8.10 | CONSIDERAÇÕES FINAIS | 168 |
| | REFERÊNCIAS | 170 |

## 9 FIBROMIALGIA, NA FALTA... A ALMA DÓI — 171

| | | |
|---|---|---|
| 9.1 | A DOR NA FIBROMIALGIA | 175 |
| 9.2 | A DOR CONCEBIDA PELA PSICANÁLISE E A DOR FÍSICA | 176 |
| 9.3 | FIBROMIALGIA: A DOR PSÍQUICA E A EXCITAÇÃO TRAUMÁTICA | 181 |
| 9.4 | A FADIGA E A FIBROMIALGIA | 182 |

| | | |
|---|---|---|
| 9.5 | AS RELAÇÕES DE OBJETO DO PACIENTE FIBROMIÁLGICO | 184 |
| 9.6 | O CASO CLÍNICO | 187 |
| | CONSIDERAÇÃO FINAL | 191 |
| | REFERÊNCIAS | 191 |

## SOBRE OS AUTORES — 194

ORGANIZADORA — 197
ORGANIZADORA DE NORMAS TÉCNICAS — 197

# PREFÁCIO

Rubens Marcelo Volich e outros, em duas de suas publicações, foram a fonte de inspiração para fazermos um breve percurso sobre os caminhos que foram sendo percorridos desde os primórdios de práticas de cura, passando pelas origens da prática médica, das concepções da psicanálise, até chegarmos ao que poderia ser denominado campo da psicossomática sob a perspectiva psicanalítica.

Ao longo da história, o ser humano oscila entre estados de saúde e de adoecimento, que, muitas vezes, se expressam no corpo somático.

A compreensão sobre os processos de adoecimento foi e, apesar de muitas descobertas ao longo da evolução da humanidade, ainda hoje preserva um caráter enigmático que procuramos decifrar.

Várias concepções sobre o adoecer e sobre os caminhos a serem trilhados em busca da cura foram sendo elaboradas ao longo do tempo. No início do período da história, durante a época Antiga ou Antiguidade, as doenças eram consideradas consequências exclusivas de influências de forças espirituais malignas. A busca de cura era ligada à prática de rituais realizados por curandeiros, visando libertar a pessoa de tais influências. Entretanto, temos notícias de que no Egito Antigo, paralelamente a esta visão de adoecimento ligado a influências espirituais negativas, iniciou-se um caminho de reflexões para buscar compreender as doenças e os quadros clínicos, bem como possíveis procedimentos terapêuticos e esboços de prognóstico.

Com o passar do tempo, as tentativas de compreensão das relações entre corpo e alma vão estar presentes no pensamento filosófico e irão influenciar na busca de conhecimentos, que estão sendo organizados, e virão a constituir os rudimentos do que virá a se tornar a ciência.

Hipócrates (460 a.C.-377 a.C.), contemporâneo do filósofo Sócrates, sistematizou um conjunto de conhecimentos, adquiridos ao longo do tempo, que trouxeram para a humanidade uma nova concepção de doença e de possíveis tratamentos. Ele trabalhou com o pressuposto da existência de uma unidade funcional *soma* (corpo físico) – *psyché* (alma – dimensão anímica). Hipócrates tornou-se o iniciador da observação clínica e foi considerado o pai da medicina, inaugurando uma prática médica que considera o funcionamento do corpo integrado à sua dimensão anímica – dimensão imaterial.

No entanto, diferentes visões sobre as relações entre o corpo e a alma atravessam a história da humanidade, até os dias atuais, dando origem, principalmente, a duas visões: a monista e a dualista. A monista considera que existe no ser humano um único princípio vital; já a dualista defende a distinção entre corpo e alma (**Psicossomática, de Hipócrates à psicanálise**).

Um dos desdobramentos da corrente monista, que considera a unidade corpo-alma, resgatando o espírito inovador de Hipócrates, dá origem à denominada medicina psicossomática.

Sigmund Freud (1856-1939), neurologista e psiquiatra austríaco, assim como outros médicos do final do século XIX, ao lidar com adoecimentos no corpo físico, como determinadas paralisias e anestesias de pacientes, não consegue encontrar nenhuma justificativa no corpo biológico para a ocorrência de tal adoecimento. Diante deste enigma, ele descobre que a origem de tais manifestações somáticas é decorrente de conflitos psíquicos, desconhecidos pelo paciente, e que vêm simbolizar-se em sintomas corporais. Assim, Freud dá o passo decisivo no que veio a ser patenteado como sua grande descoberta, a do *inconsciente,* inaugurando a psicanálise como um campo de pesquisa e de tratamento da *psyché* (alma), também denominada dimensão anímica ou psíquica. Esta descoberta revelou que a *psyché* é repleta de pensamentos inconscientes não acessíveis facilmente à consciência, e que eram estes os causadores dos sintomas manifestos no *soma*. A teoria freudiana para compreensão da sintomatologia somática é construída em torno da histeria de conversão e da neurose atual. Existe uma diferença marcante entre os dois quadros. Os sintomas da histeria de conversão são fruto de conflitos psíquicos infantis inconscientes, atualizados em algum momento da vida, e que só encontram a possibilidade de simbolização expressando-se no corpo somático. Este caráter simbólico do sintoma é o que permite o tratamento psicanalítico. Já no caso da neurose atual, o modelo freudiano considera que o sintoma somático tem uma função econômica de descarga de excitações sexuais atuais que não encontraram outro caminho para a satisfação. Não são, portanto, uma expressão simbólica e não são elegíveis para o tratamento psicanalítico.

A partir de toda a construção psicanalítica de Freud e de outros psicanalistas, nos anos 1950, Pierre Marty e seus colaboradores fundam a Escola de Psicossomática de Paris (1962), que parte, inicialmente, do modelo teórico-clínico desenvolvido por Freud, denominado **neurose atual**, para compreensão da sintomatologia somática. Este modelo considera que a sintomatologia (vertigem, taquicardia, fadigas não justificadas, dores vagas etc.) não tem relação com os conflitos infantis inconscientes, não sendo uma expressão simbólica dos mesmos. A fonte de excitação de tais sintomas é somática e não psíquica, como no caso das psiconeuroses. Tais sintomas constituem-se devido à impossibilidade ou à inadequação da satisfação de excitações sexuais que surgem na vida atual – no sentido de atualidade temporal – e pela incapacidade do Eu de conseguir encontrar um destino, no nível das representações psíquicas, para lidar com estas excitações.

A partir desse modelo, a Escola Psicossomática de Paris construiu uma das primeiras referências de compreensão teórica psicanalítica dos adoecimentos psicossomáticos, que vieram a possibilitar um avanço no tratamento psicoterápico de pacientes somatizadores, na segunda metade do século passado. No texto *Artimanhas do Isso sob o Ponto de Vista de Groddeck* serão apresentados, com mais detalhes, os principais conceitos e contribuições desta Escola.

Não podemos, então, deixar de mencionar os estudos precursores de Georg Groddeck, médico contemporâneo de Freud, que construiu um modelo teórico, a partir de sua prática clínica, buscando relacionar fatores psíquicos com as doenças somáticas, que seriam, justamente, expressões simbólicas destes conteúdos psíquicos. Cabe ressaltar que algo da notável contribuição de Groddeck, considerado o pai da psicossomática psicanalítica, pode ser acessado no texto desta coletânea sobre *Artimanhas do Isso sob o ponto de vista de Groddeck* e no livro denominado **O livro dIsso** (1923).

O campo da psicossomática psicanalítica fez mais um avanço importante em 1989, com Franz Alexander e seus colaboradores da Escola de Chicago. Eles desenvolveram uma teoria segundo a qual emoções reprimidas podem expressar-se em sintomas no corpo físico.

Rubens M. Volich – professor do Curso de Psicossomática do Instituto Sedes Sapientiae, SP – aponta que existe uma convergência entre os modelos desta Escola de Chicago e o de Groddeck. Ambos consideram que um conteúdo psíquico pode vir a ser responsável por um sintoma somático. No entanto, para Groddeck, o conteúdo é simbólico e, para Alexander, é afetivo.

Até os dias atuais, a pesquisa no campo da psicossomática continua nos desafiando a buscar mais trocas de experiências que possam impulsionar novas linhas de trabalho e pesquisa no campo da psicossomática psicanalítica, buscando uma maior interação com a medicina e com os outros diferentes campos do saber.

É nesse espírito que este livro foi gerado por um grupo de psicanalistas, que trazem grandes contribuições de alguns autores e de suas próprias experiências, visando fomentar reflexões e discussões sobre a essência de processos psíquicos que se manifestam sobre a forma de adoecimentos somáticos, constituindo o campo da psicossomática psicanalítica.

*Iara R. M. Garcia*

# APRESENTAÇÃO

Este livro nasceu das discussões e reflexões de um grupo, chamado "Escutando o Corpo: interlocução entre a Psicanálise e a Psicossomática", coordenado pelos professores Carlos Augusto Belo e Rita MacDowel, que se reunia às quartas-feiras no Círculo Psicanalítico do Rio de Janeiro, o tema abordado era a psicossomática, com investimento muito grande dos participantes, cujos estudos e aprofundamento do assunto não poderiam ser perdidos ou não serem registrados. O caminho a seguir foi a confecção deste livro.

Na construção deste livro, houve dois momentos: o primeiro foi marcado pelos encontros do Círculo, enquanto o segundo ocorreu em 2022, um encontro casual com uma das colegas da Instituição acima citada, cujo marido, professor de psicossomática em outra Instituição de formação, sugeriu prestar uma homenagem aos 100 anos do **O Livro dIsso**, de George Groddeck, escrito em 1823, sobre psicossomática. Entrando em contato com alguns colegas interessados pelo tema, eles imediatamente aderiram à ideia e se debruçaram para a sua confecção.

Por ocasião dos encontros familiares de fim de ano, houve uma pausa, para somente no mês de fevereiro do ano seguinte nos reunirmos com o propósito e o compromisso de escrevermos o tão esperado livro. Inicialmente éramos cinco, aos poucos o grupo foi aumentando e passamos a nove componentes. Fomos traçando as características dele, objetivando um livro teórico-clínico.

Dediquei-me, a partir dessa ideia, a formar um grupo de estudiosos de psicossomática sob diferentes leituras psicanalíticas, permitindo um desdobramento rico do assunto.

Assim, este livro de caráter científico conta com minha participação como organizadora do conteúdo e da professora Maria Angélica Gabriel como revisora das normas técnicas.

A seguir, cada autor apresenta um breve resumo de seu estudo, com o objetivo de oferecer ao leitor um horizonte de conteúdo que, prazerosamente, construímos e reunimos neste livro.

Em "Artimanhas do Isso sob o Ponto de Vista de Groddeck", a autora Christine Machado Victorino apresenta algumas ideias de Georg Groddeck, o precursor da psicossomática, destacando o conceito do Isso, por ele criado, para explicar o adoecimento somático. Suas ideias estarão associadas à Psicanálise, ressaltando Freud, McDougall e Balint como seus interlocutores. Partindo do princípio de que o indivíduo deve ser observado de forma global, com suas peculiaridades e idiossincrasias, seguimos a trilha do sintoma, tendo como pano de fundo o Isso inconsciente, que participa ativamente da estruturação da doença. No escopo deste estudo, demos especial atenção ao que o sintoma deseja comunicar, à forma como ele o faz, seu significado simbólico, levando em consideração a transferência, as resistências e a tendência à repetição para entender o que faz a manutenção da doença. Delineamos, então, um percurso pela obra de Groddeck em seus aspectos referentes à influência do Isso na promoção da doença ou da saúde, que nos conduziram ao que hoje intitulamos de Psicossomática Psicanalítica, uma proposta de tratamento, mais humanizado, que amplia o conhecimento sobre o sofrimento psíquico, desfragmentando a visão sobre o sujeito e seu sintoma.

Em "Corpo e Adoecimento: a Transgeracionalidade em Perspectiva", a autora Marcia Maria dos Anjos Azevedo pretendeu apresentar uma perspectiva relacionada ao processo de subjetivação e de adoecimento humano ressaltando a questão da transgeracionalidade. Nesse modo de olhar a constituição psíquica humana, aponta a dimensão sensorial como veículo de recepção, tanto de aspectos advindos do investimento do grupo familiar, expressos em ditos e não ditos, quanto do inconsciente materno em suas mensagens intraduzíveis. Neste processo, forma-se uma base fundamental por meio da qual o sujeito poderá se reconhecer. Percebe-se que na perspectiva da transgeracionalidade o sujeito recebe uma herança sobre a qual não possui nenhuma ingerência. A Psicanálise freudiana nos apresenta uma preocupação com esse aspecto do funcionamento humano desde "Totem e Tabu" (1913) e seguiu abarcando questões que tocam na transgeracionalidade em diversos textos. Contudo, essa referência fica mais clara quando, ao se referir à sombra do objeto que recai sobre o eu do sujeito no estudo sobre a melancolia, Freud nos ofereceu um guia importante na compreensão do adoecer em função de elementos advindos da cadeia geracional tão bem trabalhada por Kaes. A partir da compreensão de que o humano é o elo de uma corrente geracional e que se torna herdeiro de desígnios diversos, a escuta analítica das narrativas dos pacientes torna-se ampliada não só em relação aos conflitos que chegam aos consultórios, mas também aos modos de viver e de adoecer. Pois, segundo a autora em seu texto, "a imagem projetada no espelho carrega fantasias e crenças decorrentes tanto das imposições sociais quanto denuncia ainda conteúdos inconscientes tais como: lutos não elaborados e ideais superegoicos dos antecessores na cadeia geracional".

Em "Onde tem Excesso tem Problema", a autora Dirce de Sá explora a natureza da compulsão, adotando uma perspectiva da Psicanálise e sua relação com a Psicossomática. A compulsão, tema bastante desenvolvido por Freud, em **Além do Princípio do Prazer** (1920), é caracterizada como uma perda de controle, frequentemente desencadeada por obsessões ou regras irracionais. As patologias contemporâneas refletem o desconforto característico da era atual, marcado por um profundo vazio existencial e crescente preocupação narcisista. A relação entre a Psicossomática e a compulsão à repetição é salientada, uma vez que questões emocionais não resolvidas podem se manifestar em problemas psicossomáticos, incluindo os transtornos alimentares. A compulsão à repetição é compreendida como uma tentativa de lidar com esses problemas emocionais não resolvidos. A abordagem psicanalítica destaca a fetichização do corpo na contemporaneidade, refletindo uma preocupação excessiva não apenas com seu funcionamento, mas também com sua forma e aparência. A compulsão é considerada uma forma significativa de adoecimento na sociedade pós-moderna, associada à ideia de excesso, presente na obesidade, na anorexia e na bulimia, e é também particularmente evidente nos novos transtornos alimentares, como a vigorexia, a drunkorexia, a ortorexia, a diabulimia e a farmarexia, todos ancorados na lipofobia e na obsessão pela magreza. Na abordagem terapêutica das pessoas com compulsões, destaca-se a relevância de abordar a culpa associada à repetição, visando ajudá-las a superar a paralisia psicológica que essa culpa pode gerar. Esse processo permite a tomada de consciência e responsabilização por suas próprias escolhas, facilitando a transformação por meio da criatividade.

Em "Tecnocorpos, Datafícação e Ciborgues: sobre o Século XXI e a Ideação Psicossomática", as autoras Vanuza Monteiro Campos Postigo e Regina Glória Nunes Andrade reconhecem que o corpo humano há séculos interage com a tecnologia, mas sugerem como as evoluções tecnocientíficas das últimas décadas se aprimoraram e se sofisticaram criando um tecnocorpo. As autoras entendem que esse corpo ciborgue e sua *performance* maquinímica assemelham-se ao corpo operatório estudado no campo da psicossomática e trazem essa discussão para a nossa coletânea.

Em "Por uma Psicossomática Narrativa: Reflexões sobre as Falas do Corpo", a autora Nataly Netchaeva Mariz testemunha na clínica – seja em consultório particular, seja em uma instituição pública – como os pacientes de hoje são diferentes de outrora. Um outro corpo, distinto da histeria, tem tomado a cena, produzindo novas reflexões teórico-clínicas. Inspirado por estas observações, o capítulo versa sobre as diversas "falas" do corpo, mais precisamente, as expressões do tipo psicossomático. Para tal fim, traz como ilustração uma vinheta clínica de acompanhamento realizado em um Hospital Universitário.

Em "Um Corpo para se Viver: Reflexões sobre a Abordagem Teórico-Clínica Lacaniana da Psicossomática", o autor Bernardo Arbex de Freitas Castro procura estabelecer uma perspectiva teórico-clínica lacaniana dos fenômenos psicossomáticos. Partindo da diferenciação entre o sintoma conversivo e a afecção psicossomática, refletimos sobre a concepção de corpo pulsional para a psicanálise, levando em consideração a epistemologia linguística a partir da qual Lacan orientou seu pensamento metapsicológico e sua prática clínica. Também neste capítulo discutimos uma vinheta clínica em que o sujeito psicossomatizante apresenta uma *holófrase*, formação linguística que, para Lacan, é característica dos portadores de fenômenos psicossomáticos.

Em "A Marca da Dor no Real do Corpo", a autora Luciane Alfradique traça um percurso sobre o fenômeno psicossomático, buscando articular esse fenômeno aos conceitos freudianos de sintoma, neurose atual e complacência somática, bem como a conversão histérica. Utilizando também dos aportes teóricos de Lacan a partir de **O Seminário 11**. A obra de Freud apresenta, de ponta a ponta, uma reflexão sobre as relações entre o psíquico e o somático. O modelo etiológico da histeria e da neurose atual se constituiu como as primeiras referências da psicanálise para se pensar a participação dos fatores psíquicos nas doenças. Freud não atribui distinção entre o fenômeno psicossomático e a manifestação histérica, no entanto, trouxe contribuições preciosas, a partir da sua clínica com as histéricas. Lacan define o fenômeno psicossomático como algo que não é da ordem do significante; trata-se de um gozo específico, fixado no corpo. Enquanto o sintoma histérico, que também elege sua sede no corpo, é interpretável, o fenômeno psicossomático manifesta-se no real do corpo como uma lesão, com a qual o sujeito nada consegue associar, tornando-se impermeável à interpretação, é um corpo afetado.

Em "Distúrbios Psicossomáticos na Clínica Winnicottiana: da Teoria à Prática", Maria Angélica Gabriel discorre sobre conceitos fundamentais para compreensão da teoria do amadurecimento emocional e sobre as falhas desse processo que desencadeiam distúrbios psicossomáticos. Ao longo do texto, a autora apresenta como, no processo de desenvolvimento, o corpo e a psique se integram gradativamente, explica como ocorre o alojamento da psique no corpo e esclarece os aspectos positivos dos distúrbios psicossomáticos. O capítulo se encerra com o caso clínico de uma paciente jovem que desenvolve doença reumática e, posteriormente, um tumor maligno com metástase evoluindo para óbito. Este caso ilustrativo aponta para falhas ambientais significativas no início de vida da paciente implicando fracasso do alojamento da psique no corpo e distúrbios psicossomáticos como uma manifestação da existência do corpo.

Em "Fibromialgia, na Falta... a Alma Dói", a autora Ramona Edith Bergottini Palieraqui desenvolve conceitos sobre a dor, diferenciando a dor física da dor psíquica e sua presença na fibromialgia, impedindo que o paciente fibromiálgico, em seu momento de crise, possa movimentar-se, bem como não possa ter contato com nenhum objeto em sua pele. Recorremos à medicina, a quem o paciente solicita ajuda, e é medicado com uma gama de remédios. Diante da ausência de uma cura, a medicina solicita o auxílio de um tratamento psicoterápico. A psicanálise tem uma atuação bastante positiva, onde observamos a história da dor e seu vínculo com os primórdios do desenvolvimento dos primeiros anos de vida do paciente. Testemunhando a melhora das dores, trouxemos fragmentos de um caso de fibromialgia.

Finalizando esta apresentação, esperamos poder contribuir com o desenvolvimento teórico e prático dos leitores. Fica o convite para a leitura dos textos.

*Ramona Edith Bergottini Palieraqui*

# 1 ARTIMANHAS DO ISSO SOB O PONTO DE VISTA DE GRODDECK

*Christine Machado Victorino*

> Como nascem as doenças...
> — Engole o choro!
> — Engole o sapo!
> — Cala a boca!
> — Cala o peito!

## 1.1 INTRODUÇÃO

O centenário da publicação do **O livro dIsso** (1923), que traz à pauta Georg Groddeck, o precursor da psicossomática, faz-se uma atraente perspectiva, além de imperioso. Considerando a pertinência de suas ideias, adotadas ainda hoje por psicólogos e médicos, propomos uma reflexão focada no tema do adoecimento somático e sua intensa contribuição à psicanálise e à psicossomática.

O termo Isso, por ele criado, recebeu o reconhecimento de Freud, que acabou por adotá-lo e usá-lo como uma referência às camadas mais profundas do inconsciente, restringindo, porém, o seu uso, ao contrário de Groddeck, que o expandiu (Madeira; Jorge, 2019). O relacionamento entre os autores foi mantido por cerca de oito anos com muitas correspondências trocadas, enquanto as ideias de Groddeck eram apreciadas por Freud. Este fato foi registrado em um trecho da obra intitulada **O Ego e o Id** ([1923] 1996), quando Freud declara sua simpatia pelas ideias do jovem médico recém-dedicado à psicanálise. E, assim, o relacionamento entre os dois se manteve próximo, até que suas experiências e observações seguissem vias divergentes.

Melhor explicando, o entusiasmo de Freud pelas concepções de Groddeck acabou por arrefecer, por considerá-las exageradas, imaginativas. Aparentemente, isto se deu em função de o autor ter alçado voos difíceis de seguir em determinados pontos, tendo em conta que suas ideias, mesmo que originais e instigantes, levaram a embates ou afastamentos.

Com isso em mente, deixamos de lado as polêmicas e controvérsias ao cumprir o objetivo deste estudo, que se propõe a entender a influência do Isso no adoecimento somático.

Antes de prosseguir, porém, cabe fazer uma breve descrição sobre o autor, que nasceu em 1866, na cidade alemã de Bad Kösen. Georg Walther Groddeck iniciou na carreira de médico, como seu pai, sendo estimulado por ele a caminhar para fora da ciência médica. Foi também fortemente influenciado pelo mestre e professor Ernst Schweninger, a quem deve ensinamentos como, por exemplo, o de que, a cada enfermidade, diversas opções terapêuticas podem ser acionadas, pois cada uma delas tem o potencial de levar à cura. Groddeck acatou seu mestre em suas dúvidas quanto à posição central do médico no processo terapêutico e também na sua desconfiança em relação ao uso de medicamentos. Schweninger se posicionava com profunda reserva no que se referia à alopatia, o que levou Groddeck a tratar seus pacientes com banhos quentes, massagens, dietas, além da psicanálise, tentando evitar o estado de intoxicação medicamentosa. Mas o ponto que parece mais relevante advindo da influência recebida foi a compreensão de que o ser humano deve ser tratado em sua totalidade, que se faz necessário empreender uma avaliação dos sintomas psicossomáticos, sem subestimar sua significação.

Groddeck iniciou sua prática com a psicossomática em 1895 e entrou em contato com as ideias de Freud em 1911, reconhecendo posteriormente o valor da psicanálise. Neste meio-tempo, fundou o sanatório de Baden-Baden, em 1900, onde trabalhou até o fim de sua vida, vindo a falecer em 1934, em Knonau, próximo a Zurique.

Uma característica marcante do autor foi expressar-se para além da linguagem científica, mantendo-se distante do circuito acadêmico, tão comum ao meio médico, recorrendo à escrita livre e associativa, acreditando que assim fazendo evitaria que a palavra matasse o pensamento. Combateu fortemente as doenças de maneira geral, mas não as neuroses, por entender que estas se referiam a representações simbólicas de suas predisposições psicológicas. Os trabalhos de Groddeck referentes à psicossomática tiveram como ponto de partida suas atividades terapêuticas, com o tratamento de doenças orgânicas crônicas, sua preferência, pois não gostava de tratar casos de doenças agudas. Aos poucos o autor foi reconhecendo, mesmo que contra a sua vontade, o sucesso e o valor do tratamento psicanalítico no enfrentamento das doenças somáticas, acabando por incorporá-lo ao seu trabalho. Em suas palavras:

> (...) as ideias freudianas podem ser aplicadas no esclarecimento e tratamento de males orgânicos. O inconsciente lança mão do recalque para produzir tanto as doenças orgânicas como as nervosas. Escolhe por si a forma – orgânica ou psíquica – para defender-se da conscientização do recalque (Groddeck, [1920] 1992, p. 77).

Além disso, Groddeck também faz pensar sobre a utilização da doença como forma de regressão à infância, com o objetivo de, assim fazendo, obter a satisfação de estar aos cuidados maternos mais uma vez. Para o autor, estar doente é uma aspiração da imago materna, um retorno à condição infantil e expressa um desejo de voltar a ser cuidado pela mãe (Groddeck, [1923] 1984). Quer dizer, quando o sujeito tem uma demanda urgente por receber cuidados básicos e não dispõe de outros recursos, o seu Isso recorre ao adoecimento somático, como uma forma de buscar estes cuidados.

Apesar da apresentação resumida, espera-se que seja suficiente para entender esse irreverente pesquisador e como ele iniciou sua condução do trabalho com a Psicossomática.

## 1.2  O ISSO – DEFINIÇÕES E FUNÇÕES

Em **O Livro dIsso**, Groddeck ([1923] 1984) deixa claro que o Isso é um conceito por ele inventado, uma massa que engloba tudo, algo que ele capacita dos mais altos poderes, tendo como característica fundamental a polaridade. Ele tudo pode, é onipotente e onipresente, é o que nos comanda, faz pensar e agir. Delimita, assim, uma força primordial do sujeito. Em suas palavras: "Eu sou vivido por Isso" (Groddeck, [1923] 1984, p. 12).

Na perspectiva do autor o Isso é um conceito para se compreender toda a experiência individual, entendida em sua totalidade e suas relações com os processos psíquicos e somáticos e está presente desde o momento da concepção do ser humano.

Madeira e Jorge explicam o ponto de partida para o desenvolvimento das ideias sobre o Isso:

> [Groddeck] desenvolve, pois, sua linha de pensamento a partir de Deus-Natureza de Goethe. Mais tarde, tal conceito dará origem à sua concepção de Isso. Essa denominação foi encontrada em Nietzsche e adotada por Groddeck por caracterizar "o indefinido e o indefinível desse ser, o milagre" (Groddeck, 2011, p. 117 *apud* Madeira; Jorge, 2019, p. 3).

Quando escreveu o artigo O Ego e o Id, Freud ([1923] 1996) valorizou e trabalhou em cima das ideias do Isso lançadas por Groddeck, partindo da concepção deste de que somos movidos por forças desconhecidas e incontroláveis. Ele classificou estas forças como uma entidade que se faz presente na mente e se comporta como se fosse inconsciente, chamando a esta entidade de Id. Assim, Freud reconheceu que o termo Id (ou Isso) derivou-se de Groddeck, e propõe incorporá-la ao campo da ciência, lançando mão do conceito do Id (Isso), ao estruturar a segunda tópica do aparelho psíquico, como uma instância psíquica, onde se localizam as pulsões, sendo esta inconsciente e ponto de partida para a formação do Ego (eu) e do superego (supereu).

Groddeck diferencia os conceitos, explicando que o Id da psicanálise é um conceito tópico em oposição ao Ego, enquanto o Isso não se contrapõe. Ele considera a diferença entre consciente e inconsciente, Ego, Id, pulsões, físico e psíquico, mas todos fazem parte do Isso, conforme enunciado (Groddeck ([1966] 1992, p. 118):

> Pode-se contrastar o consciente e o inconsciente, mas não se pode jamais opor o Isso ao consciente; pode-se confrontar o Ego com o inconsciente ou os impulsos, mas jamais com o Isso, pois o Isso engloba consciente e inconsciente, o Ego e os impulsos, corpo e alma, o fisiológico e o psicológico;

perante o Isso não há uma fronteira demarcando o físico e o psíquico. Ambos são manifestações do Isso, formas de apresentação.

Fica claro aqui que cada autor fez a sua escolha de leitura, linguagem e expressão de ideias, e, uma vez esboçadas as comparações, fica aberto o caminho para tentar entender um pouco mais a fundo este fenômeno descrito por Groddeck.

O autor chamou a atenção e fez pensar ao elucidar de forma clara e muito direta casos de pessoas estereotipadas como "azaradas", que frequentemente tropeçam, lesionam tornozelos, ficam afônicas, sentindo repetidas enxaquecas ou mesmo diarreias, além de discorrer sobre possibilidades de outras deficiências, como a miopia, sobre um viés que não o da genética. Isso mesmo, "não fiquem descrentes", diria ele, mas nada disso faz parte do acaso. Por trás de todos estes pequenos acidentes, sintomas ou doenças autoimunes, genéticas e recorrentes, há a participação ativa do Isso, que tanto promove a vida e a saúde quanto contribui para as enfermidades desenvolvidas de forma intencional, criadas para proteger o sujeito contra ameaças, invasões e excessos libidinais.

Tudo é orquestrado pelo Isso, o grande responsável pelos atos que desembocam no adoecimento somático e psíquico, conveniente ao paciente somatizante por seus efeitos. Neste sentido, Groddeck entende as doenças como medidas inconscientes de precaução ou cautela do Isso, para evitar lembranças conflitivas, afetos excessivos. Além disso, a predisposição a doenças cria uma espécie de refúgio seguro contra as agressões do mundo exterior, contra fenômenos insuportáveis ao sujeito. Para tanto, o Isso recorre a um largo repertório de manifestações, permitindo-se ser afetado por determinadas impressões, mas não por outras que poderiam trazer consequências prejudiciais. E, da mesma forma que estes adoecimentos se manifestam por um evento ou em um momento específico da vida do sujeito, podem desaparecer em função de modificações na qualidade de vida. Isto significa que podem sumir sem deixar rastro após alguma mudança nas condições de vida.

Para melhor explicar, destacamos um dos sintomas mais recorrentes encontrados na clínica: a dor de cabeça. Esta pode surgir inicialmente com a intenção de impedir o desenvolvimento de certos pensamentos, sentimentos intoleráveis, intensas angústias, ansiedades ou medos e, se usada de forma recorrente, acaba por favorecer a construção de um refúgio. A fuga para este refúgio pode tornar-se um modelo de defesa, cronificando a dor de cabeça e muitas vezes elevando-a a níveis insuportáveis, que requisitam o uso de medicações que embotam a mente. Dessa forma, não só os pensamentos são aplacados, mas os impulsos ficam impedidos de seguir seu curso espontâneo, tudo orquestrado pelo Isso por meio de símbolos significativos.

Nas palavras de Groddeck ([1923] 1984, p. 55):

> (...) quanto mais profundo for o conflito íntimo do ser humano, mais graves serão as doenças, pois elas representam simbolicamente o conflito. E, inversamente, quanto mais graves as doenças, mais os desejos e a resistência a esses desejos serão violentos. (...) Se uma leve indisposição não consegue resolver o conflito ou recalcá-lo, o Isso utilizará os grandes recursos: (...) diminuindo assim a esfera das percepções que exasperam seus desejos (...).

Por esse ângulo, podemos entender que o Isso promove a doença transformando-a em um representante simbólico do conflito que se deseja contornar, sendo de maior ou menor gravidade em função do grau de profundidade do conflito. Logo, se uma leve dor de cabeça não for suficiente para este propósito, uma oportuna enxaqueca virá em seu socorro, se lançar mão de uma vertigem para interromper um acontecimento não for o bastante, um desmaio poderá ser providenciado para evitar que o sujeito cometa um ato recriminável, amoral.

Nesse caso, a doença tem como função aplacar ou silenciar o conflito, impedindo o acesso do material recalcado à consciência. Para tanto, o Isso faz parecer que suas escolhas não fazem sentido ao escolher determinada doença para proteger a saúde do sujeito e, apesar disso, traduz como nunca a sua mensagem.

Mostra-se, dessa forma, a razão de tudo ser examinado no complexo que envolve o sintoma, levando em consideração a intenção da doença que o Isso provocou, que lembrança, desejos ou laços simbólicos elas estão representando neste emaranhado de associações para que assim possamos entender para que surgiu esta doença e quais são os destinos que o Isso promove no adoecimento psicossomático.

No entendimento de Groddeck ([1923] 1984), a doença psíquica é ao mesmo tempo orgânica, pois o físico e o psíquico se afetam mútua e constantemente, cabendo ao Isso eleger qual caminho seguir, de acordo com a sua conveniência, para atuar naquilo que o sujeito não pode digerir, simbolizar.

Assim, um desejo recalcado, que não se anula, desvia sua destinação inicial, procurando outra forma de se satisfazer, se realizar. Melhor dizendo, é justamente o excesso libidinal, deslocado da representação, que escoa do anímico para o corporal, pela via de inervação somática, carregando a zona corporal afetada com este excesso de excitação não contida. O Isso provoca então a doença, elegendo-a como uma espécie de arma contra as dificuldades que o sujeito enfrenta na vida, quando este não conta com as ferramentas necessárias a este enfrentamento.

Neste sentido, o Isso se comporta como uma força extremamente protetora, funcionando como resistência, fortalecendo recalques e, por ser inconsciente, recheada de símbolos e analogias complexas em sua estrutura. Sob tal contexto, as ideias do autor sobre saúde e doença são apresentadas como estados naturais do organismo humano, sempre utilizadas simultaneamente. Melhor explicando: a prevalência de cada uma delas alterna-se de acordo com a necessidade de proteção e expressão requisitada e empregada pelo Isso. Não há ninguém 100 por cento doente e nem saudável. Todos temos partes adoecidas e partes saudáveis e, dependendo do momento, uma prevalece sobre a outra, já que saúde e doença são expressões próprias da vida.

Conforme explica Groddeck ([1923] 1984), há uma espécie de mensagem cifrada, tal como quando uma fratura significa um ato de interrupção que o Isso impõe, ao entender que a pessoa está caminhando por lugares perigosos. É bom, neste caso, que fique claro que o aviso não é necessariamente literal, levando em conta que o "caminho errado" pode ser de ordem moral, emocional. Não se trata de uma questão de pecado, no sentido religioso propriamente dito, mas de algo que vai contra a moral do sujeito, gerando um conflito insuportável, enfatizando que para o Isso realidade e fantasia se confundem, sendo sempre tratadas como realidade.

De qualquer forma, o Isso não tem a capacidade de avaliar essas diferenças, pois ele faz uso de símbolos, analogias, distorções, divisões, representações figurativas e associações, expressando-se de forma ambígua, recorrendo a desejos contraditórios, sentimentos opostos, comportamentos dúbios. Tomemos como exemplo um torcicolo, que pode servir de alerta para que não se olhe para o lado esquerdo, evitando assim que se cometa o erro de seguir determinado desejo ou fantasia considerados não corretos, não direitos, o que poderia gerar um conflito penoso.

Há casos também em que a doença se apresenta como um ato propício do Isso, para que o indivíduo entenda ser o descanso necessário e imperioso (Grodeck, [1923] 1984). Não raro a recusa em reduzir o ritmo acelerado e estressante da rotina faz emergir um desequilíbrio físico ou imunológico, como um alerta que o salva de um mal maior, de um adoecimento mais grave, em que a vida estaria em risco se continuasse seguindo o modo de viver frenético prejudicial à saúde.

Ainda outra situação ocorre quando a resistência inconsciente do Isso expõe uma resposta somática que inviabiliza o sujeito de seguir aceitando o insuportável, persistindo em um caminho inadmissível. Em meio a tantas considerações, Groddeck ([1923] 1984) exemplifica um caso em que uma inflamação crônica das amígdalas se manifesta em resposta a uma intolerância do inconsciente em seguir "engolindo" o que não lhe agrada, utilizando para este fim um jogo de palavras, símbolos e associações que contribuem para a organização do sintoma.

De modo igual, ao sentir que os perigos se afastaram, o Isso pode propiciar novamente o estado de boa saúde, abandonando a linguagem da doença. Em verdade, parece mais eficaz emitir uma mensagem a partir da linguagem das doenças, como meio de expressão, sendo este um caminho conhecido desde a mais tenra idade e já tendo sido estabelecido como um meio de comunicação eficaz em muitos sentidos.

Trazendo o debate sobre a psicossomática para um período mais atual, recorreremos a McDougall ([1989] 1996), que levanta a hipótese de falhas na maternagem, nos casos de pacientes somatizantes, o que geraria deficiências na função de paraexcitação.

Freud, em seu texto Além do Princípio do Prazer ([1920] 1996), esboça a ideia da formação de um escudo protetor, que tem por função bloquear o excesso de estímulos externos. Mais tarde, Laplanche e Pontalis ([1924] 1991) sugeriram chamar esta função de paraexcitação.

Na visão de MacDougall ([1989] 1996), trata-se de uma função exercida pela mãe ou alguém na função materna, que realiza os cuidados primários, em um período precoce de desenvolvimento do bebê, quando ainda não há a linguagem, o seu aparelho psíquico ainda está se formando e o corpo é depositário de excitações intensas e sem nome. McDougall vai além e a denomina como um período em que o bebê se identifica com a mãe, em uma unidade vivenciada como "um corpo para dois". Nos primórdios de sua vida psíquica, o bebê está fusionado com a mãe, necessitando que ela decifre, nomeie, elabore, decodifique e contenha os seus estímulos corporais e excitações, tendo em vista que ele ainda não é capaz de fazer isto sozinho. Ela também o estimula, e este estímulo é fundamental para o seu desenvolvimento psíquico. Nos casos em que esta função falha, o bebê responde aos excessos de estímulos internos e externos, excessos traumáticos, que ainda não é capaz de assimilar, pela via somática, sendo estas respostas primitivas, pouco elaboradas, promotoras de um movimento regressivo na busca de uma organização. Em outras palavras, a relação mãe-bebê é fundamental para a constituição do psiquismo infantil e o empobrecimento desta propicia o surgimento de manifestações somáticas.

Balint ([1968] 1993) foi mais um interessado na questão, denominando-a como falha básica. Na sua concepção esta é uma condição que costuma ser descrita pelos pacientes, que se queixam de existir uma falha dentro deles, de um processo provocado por alguém que os tratou com negligência, que falhou, gerando intensa angústia e uma demanda urgente de cuidado. O autor acrescenta suas observações a estes relatos:

> Embora altamente dinâmica, a força que se origina da falha básica não assume a forma nem de uma pulsão, nem de um conflito. É uma falha, algo errado na mente, uma espécie de deficiência que precisa ser corrigida. Não é algo represado para o qual deve ser encontrada a melhor saída, mas algo que está faltando agora ou talvez por quase toda a vida do paciente (Balint, [1968] 1993, p. 27).

Na explicação da falha básica está contida uma ideia semelhante à da função de paraexcitação, a saber, que algo faltou, deixou lacunas ou mesmo fissuras, em um período precoce de desenvolvimento do bebê. Como consequência ele vivencia uma descontinuidade entre suas necessidades biopsicológicas e o cuidado afetivo e psicológico que demanda e necessita, em momentos relevantes e imprescindíveis do seu desenvolvimento, para a sua organização. Esta experiência de desamparo deixa marcas por vezes irreversíveis, promovendo graves repercussões e efeitos de natureza agressiva, destrutiva ou excessivamente desintegrados, talvez por toda a vida do indivíduo. Balint ([1968] 1993) refere-se a esta deficiência como falhas ambientais, cuidados primários insuficientes ou deficientes, angustiados, rigorosos, extremos, excessivos, invasivos ou mesmo distantes, indiferentes.

Tais falhas são vivenciadas como intrusões pelo bebê, que precisa se defender para evitar o colapso, a desintegração, recorrendo para este fim a métodos regressivos, desesperados e insuficientemente organizadores. Como neste momento o bebê ainda está se estruturando, contando com a sua mãe para ajudá-lo neste processo de integração, falhas se estabelecem se ela não exerce adequadamente a sua função.

Winnicott, em seu livro **A natureza humana** ([1960] 1990), explica que uma das estratégias defensivas usadas pelo bebê para se proteger é a desintegração, considerando esta uma resposta defensiva diante do perigo do colapso, das angústias impensáveis, sendo este mecanismo de defesa uma forma de resgate da saúde. Nas palavras de Nápoli (2013, p. 14): "Embora reativa e dolorosa, a desintegração pelo menos resguarda o sujeito de um perigo ainda mais ameaçador. É como se a seguinte asserção estivesse implícita: É melhor dividir-me em vários do que não existir".

Além do mecanismo de defesa citado acima, gerado em um período precoce do desenvolvimento do indivíduo, outros também são posteriormente usados como recurso. Investigando um pouco mais autores franceses que se aprofundaram nos estudos da doença psicossomática, vale apontar as contribuições de Joyce McDougall ([1989] 1996), que descreve o conceito de desafetação para explicar o processo pelo qual os pacientes psicossomáticos adoecem. Trata-se do acionamento de uma defesa que entra em ação para conter o excesso pulsional, expulsando bruscamente da consciência as representações intensamente carregadas de afeto, sem que haja a possibilidade de elaboração. As palavras que poderiam estar a serviço de permitir esta elaboração e a contenção do excesso pulsional se tornam sem sentido, vazias e congeladas. E a palavra, assim, desconectada de seu conteúdo afetivo, deixa de oferecer a proteção necessária contra as angústias, as ansiedades, os medos, deixando o corpo desprotegido e à mercê de uma linguagem primitiva, majoritariamente somática, apesar de o discurso do sujeito manter-se coerente e razoável.

Outro reconhecido autor francês, Pierre Marty (*apud* Melgaré, 2020), apresenta seu ponto de vista sobre o tema à luz do estudo de Groddeck, a saber, um corpo biológico desprotegido não encontra recursos para lidar com os excessos pulsionais, os excessos de excitações e projeções externas, como ocorre com bebês que tiveram falha na função materna de paraexcitação. Marty desenvolveu em suas obras conceitos no intuito de explicar a dimensão traumática do adoecimento somático. Dentre estes estão o de alexitimia, que se refere ao indivíduo que não tem palavra para nomear os seus estados afetivos e o pensamento operatório, que exprime uma forma de pensar deslibidinizada, quando predomina uma quase ausência de sintomas neuróticos, fantasias, desejos, uma linguagem empobrecida e um forte apego à realidade material e fatual, referidas a pensamentos extremamente pragmáticos, que gera indivíduos muito bem adaptados à sociedade, porém, com baixo desempenho nas relações interpessoais (Volich, 1987).

Não nos cabe aqui aprofundar esses conceitos, mas se faz necessário entender que é grande o leque de recursos utilizados como mecanismos de defesa requisitados para proteger o sujeito, que padece de adoecimentos psicossomáticos como forma de evitar dores impensáveis!

Freud ([1895/1894] 1996) insistiu na tese de que a insatisfação das pulsões sexuais era o fator responsável pela instauração dos quadros de neuroses atuais, que propiciavam o estabelecimento de uma angústia difusa e sintomas funcionais, sem mediação simbólica. Tratava-se de uma questão de distribuição econômica da libido, quando a descarga das excitações sexuais, não elaboradas psiquicamente, atingiam diretamente o corpo. Com base nestas premissas se estabelecem as primeiras referências para a compreensão dos fatores psíquicos das doenças orgânicas.

Por esse ângulo, alguns autores passaram a investigar a fundo o papel da repressão da agressividade, da raiva, que não pôde se expressar, acreditando que: "(...) a ausência de representação faz a libido e a agressividade se confundirem e se transformarem em energia pulsional indiferenciada. O corpo é então submetido ao impacto direto das forças pulsionais liberadas" (Valas, 1987, p. 74). Com tudo o que foi dito, podemos entender que as representações funcionam como uma espécie de proteção contra estes impactos, e sem elas os órgãos são diretamente atingidos e lesionados. Outro ponto importante a considerar nos remete à ausência da vida onírica, que pode indicar uma pobreza nos processos de simbolização, o que promoveria uma deficiência de defesas psíquicas, elegendo o *soma* como via preferencial de escoamento de descargas de excitação. Neste caso, as falhas de simbolização seriam responsáveis pela inclinação básica à somatização. Freud acrescenta a este processo a influência dos afetos sobre o corpo, uma vez que tudo o que se refere ao funcionamento psíquico atua sobre o corpo como uma "expressão das emoções". Neste contexto, os afetos, junto ao desejo e a atenção, têm o poder de influenciar profundamente os processos físicos e desenvolver ou inibir de forma significativa as doenças somáticas (Freud [1901-1905] 1996).

Parece, então, que o propósito das doenças psicossomáticas é dispersar o afeto intolerável por meio de um ato, deixando marcas concretas no corpo, tendo em vista que o corpo enlouquece nos pacientes psicossomáticos, delira, hiperfunciona ou inibe funções somáticas normais, atingindo o corpo real e suas funções autônomas, ou seja, o dano físico é real.

## 1.3 DECIFRANDO E TRATANDO OS SINTOMAS PSICOSSOMÁTICOS

Nos primórdios de suas pesquisas, Freud ([1895/1894] 1996) falava das encenações das pacientes histéricas com seus teatros espetaculares, expressando dores, sofrimentos, desejos reprimidos por meio de suas paralisias, cegueiras, convulsões etc., mas sem que efetivamente os órgãos fossem afetados. O autor definiu ainda as neuroses atuais como uma espécie de manifestação psicossomática, uma vez que, nestes casos, não havia sentido psíquico nos sintomas. Freud, no entanto, preferiu não se deter nestes estudos por conta de seu interesse focado nas psiconeuroses, mas deixou uma trilha de ideias sobre o tratamento das neuroses atuais, que deveria seguir a partir da escuta dos sintomas, da supressão das resistências e da interpretação da transferência. Estas ideias foram absorvidas por Groddeck, que se apropriou das concepções teóricas de Freud, utilizando-as à sua maneira, de forma brilhante e irreverente. Ele adota, então, a concepção de que o adoecimento orgânico tem em sua base a mesma dinâmica psíquica que se verifica em sonhos, atos falhos (Groddeck, [1966] 1992).

Groddeck e Freud também concordavam em outro ponto, ao afirmarem que a doença se manifesta para comunicar algo, se fazer ouvir, seja da ordem do inconsciente recalcado, seja porque algo se calou e não foi possível expressar ou mesmo por se tratar de sentimentos que nunca puderam ser traduzidos, nomeados. Neste caso, parece que há uma tentativa de transmitir algo dos processos psíquicos, partindo de um sentido que o Isso deseja expressar.

Com base na premissa de que o tratamento deve ser iniciado pela investigação do sintoma, Groddeck seguiu na direção da sua compreensão, buscando decifrá-lo a partir de sua simbologia, suas metáforas, assim como se faz durante a interpretação de um sonho, sempre respeitando a dinâmica do paciente, considerando que é ele quem sabe o que se passa com ele. E a via de acesso à compreensão do sintoma é a fala, que permite que o afeto, represado com tanta intensidade, possa ser liberado pela linguagem, possa ser traduzido em palavras, nomeado e elaborado, pois, como já foi dito anteriormente, se não é possível um escoamento pela via da palavra, das representações, a descarga da excitação passará a se dar pelo ato, e o ato recai no *soma*.

Como o Isso não desassocia o real do simbólico, o sentido da palavra deverá ser investigado, em sua trama de associações, desemaranhando aos poucos o fio que leva ao conflito psíquico, aos caminhos dos desejos, dos afetos em toda a sua singularidade simbólica. Por esta via, tudo o que entra em cena durante um relato clínico merece ser observado. Conforme explica Groddeck ([1966] 1992, p. 34):

> O estudo das manifestações involuntárias de excitação durante um relato possibilita conclusões bem melhores: a maneira como um fato é contado, a interrupção no meio da frase, a altura e o tom de voz, a expressão facial e a postura etc. Mas importante ainda é observar os aspectos físicos e psíquicos que consubstanciam a aparência individual e que podem ser considerados os elos finais das cadeias de vivências.

Todas essas comunicações são feitas pelo sujeito e precisam ser levadas em consideração com cuidado para que, em associação com a análise do sintoma, nos permitam elucidar a sinuosidade do pensamento, as expressões idiomáticas contidas na doença, as distorções, enfim, o seu significado. Neste ponto, verifica-se o esforço de Groddeck em aplicar suas ideias à Psicanálise. De acordo com ele, nunca é possível elucidar toda a complexa cadeia envolvida na formação do sintoma, e isto nem se faz necessário, mas é preciso que se consiga acessar a cadeia de pensamentos ou ideias que desencadearam a doença. Neste sentido, Groddeck preconizava uma leitura interpretativa dos fenômenos corporais, buscando relacionar os estados psíquicos e o funcionamento fisiológico.

Sobre as características da doença psicossomática, cabe mencionar pacientes que apresentam uma espécie de drama oculto, que se manifesta em forma de angústia, como reação a um sofrimento. Na verdade, passou-se a entender que há um quê de somatizante em cada um de nós, e que todos têm potencial para somatizar, quando nossas defesas são vencidas em situações ou circunstâncias internas ou externas (McDougall, [1989] 1996). Em outras palavras, existem casos em que há uma reação psicossomática como resposta a uma situação específica, que demande elaboração, um trabalho de simbolização. Neste sentido, há uma substituição da palavra, fantasia, desejo, pensamento ou até mesmo de sonhos por sintomas psicossomáticos. Em contrapartida, alguns indivíduos adquirem esta forma de resposta, de reação e a utilizam sempre, uma vez que não possuem outras ferramentas de enfrentamento das situações vivenciadas. Assim, há que considerar estas reações como um modo de resposta único e permanente, tal como os surtos, os delírios psicossomáticos.

Retomando as ideias de Groddeck quanto ao tratamento de uma doença psicossomática, deve-se antes compreender a mensagem do sintoma, da doença, na linguagem específica emitida pelo órgão afetado, analisando toda esta complexa rede que envolve a sua formação, mas observando o sujeito como um todo, que se transforma por inteiro em um símbolo. Quer dizer, a doença revela algo do Isso e seu inconsciente. De acordo com Clauser ([1964] 1966, p. 2):

> O sintoma corporal torna-se a pantomima da crise existencial recalcada. A gesticulação, a mímica e a patofisionomia ajudam o ser humano, que se cala em seu sofrimento, a dizer do que padece. Essas manifestações falam por ele, sempre que a expressão verbal originária, formulada conscientemente através da linguagem, não é mais possível.

Nesse caso, durante o tratamento, faz-se necessário observar a postura, a fala, o funcionamento geral do organismo, o estado de humor, igualmente ao que se faz na interpretação dos sonhos, meio pelo qual o inconsciente se manifesta. Em outras palavras, o que o indivíduo calou insiste em se fazer ouvir e clama por tradução, mas como a linguagem do Isso segue cifrada, disfarçada em seus símbolos, tudo deve ser analisado, assim como nos sonhos.

É possível afirmar, também, que há diferenças no que se refere ao que está sendo ou não comunicado. Conforme explica Trillat ([1986] 1991), no caso do sintoma psicossomático, o que não pode ser comunicado se manifesta pela via do órgão afetado, por meio do sistema neurovegetativo, que expressa as emoções represadas e apartadas de sua representação no momento do recalque, atingindo, então, a inervação somática que se torna o símbolo mnêmico do que se deseja comunicar.

Um bom exemplo do que foi dito acima se encontra no relato de um paciente somatizante: "Acho que a minha cabeça joga para o corpo o que ela não aguenta, se não fizesse isso, eu ia surtar, não ia aguentar... às vezes parece que nem dá tempo de a cabeça pensar nada, ela só joga direto pro corpo".

Entende-se que seja este transbordamento que clama por ser ouvido, compreendido e elaborado, seguindo a sua trilha para desvendar o que há por trás dele. Vale ressaltar a relevância dos primeiros sintomas, que revelam de forma mais clara as intenções do Isso (Groddeck, [1923] 1984).

Há, porém, nesse caminho, muitos obstáculos lançados pelo recalque, pelas resistências, sendo necessário um trabalho analítico árduo para desemaranhar o recalque, superar as resistências, tendo o analista a primordial função de eliminá-las para que o Isso abra mão do recurso da doença para se manifestar. É preciso compreender que a resistência se manifesta em relação ao recalque e não ao médico, como uma medida protetiva, estando associada ao caráter e ao comportamento do paciente. O que se observa, então, é a projeção de si mesmo na figura do médico, por meio da transferência ou, nas palavras de Groddeck ([1923] 1984, p. 114): "(...): O Isso de meu próximo procura transformar meu Isso, consegue de fato transformá-lo de modo a poder utilizá-lo em seus objetivos".

Sobre a transferência, podemos dizer que se trata de uma das formas de resistência, uma medida protetiva, impedindo a melhora do paciente. Este resiste porque não quer se curar, e isto se dá porque o conflito promotor do recalque se mantém ativo, sendo a transferência requisitada para impedir seu acesso à consciência, tudo, como sempre, orquestrado pelo Isso (Groddeck, [1923]

1984). Ainda se tratando da transferência, destaca-se a tendência à repetição presente neste mecanismo, movimento que produz a manutenção do sintoma, na intenção de impedir a realização do desejo que insiste em se manifestar.

O sintoma pode se expressar tanto de forma literal quanto simbólica, uma vez que foi desenvolvido com base em símbolos, cargas emocionais das lembranças, associações de ideias, sonoridades e fonéticas semelhantes ou opostas em seus sentidos. Sob tal contexto, estes componentes devem ser trazidos à tona, por serem instrumentos valiosos de diagnóstico, tratamento e superação das resistências inconscientes. Não se consegue de fato atingir todas as cadeias de associações envolvidas na causação do sintoma, mas o acontecimento pode ser acessado com base em seus elos mais aparentes. Groddeck volta, então, a afirmar a importância da primeira infância para a compreensão do sintoma, por ser esta uma fase plena de símbolos compreendidos e utilizados como um recurso pela criança, entendendo que: "Toda doença é uma renovação do estado de bebê (...) todo doente é uma criança (...)" (Groddeck, [1923] 1984, p. 59). Consequentemente, o doente transmite o significado da doença na forma da comunicação infantil, lançando mão de símbolos, isto é, uma cadeira não é só uma cadeira, pode ser um carro, um avião e assim por diante. Estas ideias sobre o tema são descritas por Madeira e Jorge (2019, p. 3) como:

> O imaginar da infância é um universo de vital importância para ele. Principalmente o universo mítico que a criança vivencia até os três anos de idade e que, embora caído no esquecimento, empurrado para fora de nosso consciente, é conservado em regiões de nosso ser que batizamos com o nome de inconsciente.

Os símbolos podem ser encontrados em qualquer comunicação do inconsciente, mesmo que esta comunicação nem sempre seja clara, pois o adulto se esforça muito por ocultar os símbolos, apartá-los de sua vida consciente, buscando se ater à lógica, ao literal. O inconsciente, vale mencionar, está presente em tudo o que fazemos e pensamos, nas transformações orgânicas, na aparência de uma pessoa doente, que nos sinaliza com expressões faciais, punhos fechados, palavras que faltam ou que transbordam. Por consequência, devem ser empreendidas investigações, partindo de uma análise da linguagem usada pelo Isso, levando em conta que ele não faz uso apenas de palavras, mas todas as formas de expressão corporal devem ser observadas, entre elas: tom e temperatura da pele, odor, impostação da voz, postura, respiração, ou quaisquer alterações visíveis. E, é com encantamento que Groddeck ([1923] 1984, p. 116) descreve a noção de símbolos que devem ser buscados: "(...) nas transformações orgânicas da aparência humana produzidas pelo que se convencionou chamar de doença orgânica física".

O Isso é ardiloso e promove artimanhas. Em seu rol está o importante fato de que: "O consciente dos seres humanos gosta de negar as coisas (...) Não preste atenção ao não, se apegue à certeza de que o Isso mente e nunca nega" (Groddeck, [1923] 1984, p. 94). Nesse contexto, parece correto afirmar que a negação deve ser ignorada para que a verdade se faça presente, assim como se deve estar prevenido para o fato de que não existe contradição, nem oposição. Tudo convive em pé de igualdade no Isso.

Voltando a focar no tratamento, Groddeck postula que o médico ou o analista deve se abster ao sintoma em seu sentido mais amplo, utilizando interpretações em ocasiões raras e extremas, por entender que cabe ao paciente o trabalho de decifrar o sintoma, enfrentando e eliminando suas resistências. Portanto, o verdadeiro objetivo do trabalho analítico empreendido por Groddeck é o estabelecimento de condições para que o próprio paciente possa se curar, pois assim fazendo será capaz de chegar por si só às experiências da primeira infância, compreender o sentido que tem a doença para ele, tendo em vista que cada doença tem um valor, um sentido específico para cada um de nós.

Em resumo, ao paciente recai a responsabilidade do tratamento no curso de sua enfermidade, relegando ao analista o papel de auxiliar, de mediador da relação analista-paciente, por onde se propicia a cura por meio do trabalho com as resistências e, em especial, da transferência.

Nesse processo, cada acidente, doença, precisa ser investigado minuciosamente, desde o local e o momento em que ocorreu ou foi desencadeado, o estado de ânimo presente antes do sintoma e durante a enfermidade, os impulsos, os desejos e os pensamentos associados, observando as consequências geradas. Por exemplo, podemos pensar em um tropeço que causou uma queda e uma fratura na tíbia direita. O que causou a queda? Onde caiu? O que estava pensando naquele momento? Como estava se sentindo? O que estava fazendo antes da queda? Para onde estava indo? Por que quebrou a tíbia, e em especial a direita? Seguindo por esta via até que algo se desenhe como o sentido da doença. Nos destinos do Isso, pode ter havido a intenção de impedir o avanço do sujeito, que, por exemplo, tomado do sentimento de raiva, desejava chutar um ente querido que lhe causou injúria, recorrendo para isso ao meio ambiente, de onde escolhe elementos que sirvam ao seu propósito de impedir o avanço deste ato agressivo.

E em cada ato do Isso pode haver um duplo sentido, ambiguidades, desejos ocultos. Um dos exemplos descritos por Groddeck em seu **O livro dIsso** ([1923] 1984), cita uma moça que aguarda ansiosa o dia do encontro com o rapaz de seus sonhos, mas, infelizmente, neste dia lhe surge no canto dos lábios uma ferida, que lhe impedirá de beijar o rapaz. Desta forma, o beijo tão aguardado não poderá acontecer. Por que será que o Isso produziu esta doença, impedindo a moça de assim realizar o seu desejo? Este exemplo mostra uma situação dual, que aponta para a possibilidade de verificar o nível de interesse do rapaz, que, sendo capaz de superar este obstáculo e postergar o tão desejado beijo para quando não mais houver uma ferida, provará assim o seu grande afeto e merecerá a dedicação e o beijo da moça.

Romances à parte, fica confirmado que Groddeck lançou mão dos conceitos de resistência e transferência elucidados por Freud para seguir em suas investigações sobre o Isso, suas artimanhas, as doenças psicossomáticas e os possíveis caminhos que levam à cura.

Assim sendo, para desvendar uma doença, uma manifestação do Isso, cabe ao analista observar as peculiaridades da transferência, encontrar recursos para o enfrentamento das resistências, trabalhando com base nas associações livres, direcionando o tratamento para a compreensão da mensagem que o Isso comunica.

## 1.4 CONSIDERAÇÕES FINAIS

Groddeck foi considerado o precursor da psicossomática, e seus escritos nos guiaram pelos caminhos da psicanálise, como um viés possível de tratamento. Chegamos, assim, nos dias atuais, à psicossomática psicanalítica, que amplia o saber sobre o sofrimento psíquico e permite a humanização do tratamento médico oferecido.

Atualmente, o tratamento é baseado em avanços tecnológicos que trouxeram uma variedade considerável de recursos terapêuticos, capacitando a medicina em níveis elevados, que permite aliviar sofrimentos, salvar vidas, prevenir doenças e assim por diante. No entanto, distanciou em muito o paciente, que passou a ser visto por especialistas de forma fragmentada, deixando-o à mercê de um grande desamparo, dado que não é visto de forma global, tendo suas particularidades e subjetividades deixadas de lado.

Nesse novo panorama, a relação psicanalista e paciente ganha contornos precisos e relevância, promovendo uma aproximação da dupla no tratamento e na cura da doença, a fim de promover uma relação mais humanizada e uma abordagem terapêutica direcionada ao ser humano como um todo.

O trabalho de Groddeck nos convocou a observar o indivíduo de forma global, em suas especificidades, incluindo neste processo os mecanismos psíquicos, as resistências, os recalques, os mecanismos de defesa e, sobretudo, o Isso inconsciente, que participa ativamente da organização e estrutura dos sintomas, das doenças e também da saúde.

Destacamos do processo de investigação do sofrimento somático o trabalho com os sonhos ou o modelo deste para seguir o caminho que levou ao adoecimento. A falta de sonhos, de criatividade, de fantasias indica a pobreza do processo de simbolização, delegando ao *soma* a descarga das excitações psicossomáticas, deixando o sujeito desprovido de recursos tanto simbólicos quanto psíquicos, configurando como recurso apenas um movimento regressivo, deficiente e desorganizado, que o leva a buscar as reações orgânicas como possibilidade de recuperação da homeostase do aparelho psíquico.

Então, parece ser certo pensar na estruturação de uma trilha que, conectando soma e psique, possibilite o resgate da dimensão subjetiva, da atividade fantasmática, do sonho, da criatividade, que propicie a regulação das energias pulsionais, libidinais, agressivas do sujeito, que passaria a poder estabelecer relações menos alienantes, tanto com o seu corpo quanto com os seus pares. Com isso, deixaria de recorrer a mecanismos regressivos primitivos de regulação para requisitar recursos mais evoluídos e elaborados de respostas de enfretamento e busca de equilíbrio do organismo e do aparelho psíquico.

No que se refere ao tratamento, entendemos que o que perpassa o corpo do paciente somatizante deverá ser recriado no campo transferencial para que se possa permitir a produção simbólica, evitando assim que esta se dê no corpo, em forma de atuação. Neste transcurso, o analista trabalha na transferência, ouvindo a partir do seu corpo aquilo que o paciente tem a dizer por meio de seus sintomas, signos, símbolos. Isto é, cabe ao psicanalista desvendar a transferência, desembaralhando o novelo criado pelo recalque, tomando o trabalho com a associação de ideias como estrada pela qual prosseguir.

Quanto ao momento em que a transferência se instala, Groddeck credita este processo ao Isso do paciente, que provoca o Isso do analista transformando-o a fim de poder utilizá-lo a seu favor, para que este cumpra seus objetivos. Nesta situação, a contratransferência do analista é desencadeada pela transferência do paciente e faz-se necessário que o analista se conscientize do processo e instrumentalize a contratransferência, utilizando-a a favor do tratamento, buscando, desta forma, alcançar alguma influência sobre o Isso do paciente.

Vale ressaltar também o ímpeto da repetição como base da manutenção da doença, levando em conta que o desejo recalcado se mantém vivo e íntegro no inconsciente, clamando frequentemente para se manifestar. Desta maneira, não basta remover e elucidar a resistência, mas trazer luz ao conteúdo recalcado para ganhar acesso à matéria-prima geradora da doença, que é o que permite a sua elaboração, atentando para isto a implicação do inconsciente tanto no adoecer quanto na recuperação da saúde.

Para finalizar, estão reunidas aqui, resumidamente, algumas ideias de Groddeck discutidas anteriormente sobre o tratamento que, de acordo com ele, vai depender do quanto o paciente se empenhe, dado que é dele o maior esforço. Sob esta ótica, é o próprio paciente que se cura. Quanto ao analista, parece correto afirmar que ele contribui com uma parte mínima neste processo, o tratamento por ele empregado. Em última análise, buscará entender o Isso e suas artimanhas pela doença, pelo sintoma e por suas causas, cabendo a ele também a supressão da resistência e o manejo da transferência para favorecer o percurso do paciente em direção à sua cura. Mas, para isto, é preciso que haja um investimento emocional daquele que cuida, para que possa viabilizar ao paciente a retomada de sua saúde.

Uma fonte de saúde está sempre presente no indivíduo e deve ser tomada como ferramenta principal no fortalecimento de suas ações promotoras da cura, mas, acima de tudo, é imprescindível ter como meta que a psicossomática psicanalítica sempre será um tratamento do ser humano!

## REFERÊNCIAS

BALINT, M. **A falha básica:** aspectos terapêuticos da regressão (1968). Porto Alegre: Artes Médicas, 1993.

CLAUSER, G. A título de orientação (1964). Editora Limes, 1966. *In:* GRODDECK, G. M. **Estudos psicanalíticos sobre psicossomática** (1966). São Paulo: Editora Perspectiva, 1992.

FREUD, S. Sobre os fundamentos para destacar da neurastenia uma síndrome específica denominada "Neurose de Angústia" (1895/1894). Primeiras Publicações Psicanalíticas (1893-1899). *In:* **Edição standard brasileira das obras psicológicas completas de Sigmund Freud.** Rio de Janeiro: Imago, 1996. v. III.

FREUD, S. II – O Ego e o Id (1923). *In:* **Edição standard brasileira das obras psicológicas completas de Sigmund Freud.** Rio de Janeiro: Imago, 1996. v. II.

FREUD, S. III – Tratamento psíquico (ou anímico) (1905). Um caso de histeria, três ensaios sobre a sexualidade e outros trabalhos (1901-1905). *In:* **Edição standard brasileira das obras psicológicas completas de Sigmund Freud.** Rio de Janeiro: Imago, 1996. v. VII.

FREUD, S. IV – Além do princípio de prazer (1920). *In:* **Edição standard brasileira das obras psicológicas completas de Sigmund Freud.** Rio de Janeiro: Imago, 1996. v. XVIII.

FREUD, S. Sobre a Psicanálise do Orgânico no Ser Humano. Conferência pronunciada no Sexto Congresso Internacional de Psicanálise em Haia, 1920. Internationale Zeitschrift für Psychoanalyse, 7 (1966), 1992. *In:* GRODDECK, G. M. **Estudos psicanalíticos sobre psicossomática** (1966). São Paulo: Editora Perspectiva, 1992.

GRODDECK, G. M. **O livro dIsso.** Cartas a uma Amiga sobre a Psicanálise (1923). São Paulo: Editora Perspectiva, 1984.

GRODDECK, G. M. **Estudos psicanalíticos sobre psicossomática** (1966). São Paulo: Editora Perspectiva, 1992.

GRODDECK, G. M. O Isso e a Psicanálise, além de considerações gerais sobre os congressos científicos de outrora, bem como da atualidade. 1 (1926), n. 10, 115. **Ciclo de Conferências O Isso.** Berliner Lessinghochschule, outono de 1926 (1966).

GRODDECK, G. M. **Sobre o Isso**. Textos de Georg Groddeck sobre Medicina e Psicanálise s.d. (1966). 1992. *In:* GRODDECK, G. M. **Estudos psicanalíticos sobre psicossomática** (1966). São Paulo: Editora Perspectiva, 1992.

LAPLANCHE, J.; PONTALIS, J.-B. **Vocabulário da psicanálise** (1924). São Paulo: Editora Martins Fontes, 1991.

MADEIRA, M. O. M.; JORGE, M. A. C. O encantador do Isso – um retorno a Groddeck. **Rev. Latino Am. Psicopat. Fund.**, São Paulo, 22(2), 238-253, jun. 2019. Disponível em: http://dx.doi.org/10.1590/1415-4714.2018v22n2p238.5. Acesso em: jul. 2023.

MCDOUGALL, J. **Teatros do corpo:** o psicossoma em Psicanálise (1989). São Paulo: Editora Martins Fontes, 1996.

MELGARÉ, C. P. Psicanálise: teoria e clínica. A psicossomática, laços da teoria de Pierre Marty e André Green. **Estudos de Psicanálise**, Rio de Janeiro, n. 54, p. 131-140, dez. 2020. Disponível em: https://pepsic.bvsalud.org/scielo.php?script=sci_arttext&pid=S0100-34372020000200013. Acesso em: jul. 2023.

NÁPOLI, L. S. Heterodoxos, mas atuais: um diálogo entre Winnicott e Groddeck. **Arquivos Brasileiros de Psicologia**, Rio de Janeiro, v. 65, n. 3, 2013. Versão *Online*. Disponível em: https://pepsic.bvsalud.org/scielo.php?script=sci_arttext&pid=S1809-52672013000300010. Acesso em: jul. 2023.

TRILLAT, E. **História da histeria** (1986). São Paulo: Escuta, 1991.

VALAS, P. II – Horizontes da Psicossomática. *In:* WARTEL, R. *et al.* **Psicossomática e Psicanálise.** O campo Freudiano no Brasil. Rio de Janeiro: Jorge Zahar Editor, 1987.

VOLICH, R. M. Fundamentos psicanalíticos da clínica Psicossomática. *In:* WARTEL, R. *et al.* **Psicossomática e Psicanálise.** O campo Freudiano no Brasil. Rio de Janeiro: Jorge Zahar Editor, 1987.

WARTEL, R. *et al.* **Psicossomática e Psicanálise.** O campo Freudiano no Brasil. Rio de Janeiro: Jorge Zahar Editor, 1987.

WINNICOTT, D. W. **A natureza humana** (1960). Rio de Janeiro: Imago, 1990.

# 2 CORPO DE ADOECIMENTO: A TRANSGERACIONALIDADE EM PERSPECTIVA

*Marcia Maria dos Anjos Azevedo*

> Cada ato (e cada pensamento) é o eco de outros que, no passado, o antecederam, sem princípio visível, ou o fiel presságio de outros que no futuro irão repeti-lo até a vertigem. Não há nada que não esteja como perdido entre infatigáveis espelhos (Borges, 1967).

## 2.1 INTRODUÇÃO

A clínica psicossomática psicanalítica é um campo que nos convida a pensar em meios de enfrentamento, de modo a lidar com o primitivo que não consegue ser posto em palavras por ser desconhecido. Quando falamos de clínica lembramos que esta será sempre soberana em relação a qualquer teoria. Neste campo, dependemos da linguagem que, em suas diversas formas de expressão, não impõe somente uma forma de comunicação, pois, se o humano é, ao mesmo tempo, um ser de linguagem, tendo o corpo como limite concreto de sua existência física, biológica e anatômica. Além disso, segundo a teoria psicanalítica, se organiza a partir do investimento narcísico libidinal do objeto primordial e do mundo que o cerca, depende ainda de uma linguagem investida afetivamente e da pulsionalidade daquele que lhe serve de apoio e de prótese psíquica (Aulagnier, 1985). Então, para que alguma forma de interação e comunicação ocorra, necessita da existência de um contexto, uma mensagem e um intérprete com capacidade de favorecer ao humano a entrada no mundo simbólico.

Cada sujeito traz uma história, pessoal e familiar, e com ela seus fantasmas e sintomas, associados às imposições do meio ambiente, da sociedade e de toda uma cultura, o que contribui para a apresentação de resultados diferentes. O Eu é uma formação em caleidoscópio desenhado por fragmentos oriundos de gerações sucessivas. Seguindo essa perspectiva lançamos o olhar para a questão da transgeracionalidade. A partir desse contorno a construção da subjetividade e os modos de adoecer nos desafiam com muitos enigmas. Acreditamos, assim, poder fazer uso de bases teóricas da Psicanálise para discutir sobre os aspectos transgeracionais da existência humana, pois esse se apresenta como um campo inesgotável de questionamentos.

## 2.2 A SUBJETIVAÇÃO

A compreensão sobre o processo de subjetivação depende de uma diversidade de aspectos que são fundamentalmente atravessados pelo objeto, pelo outro e pela alteridade. O humano depende do investimento narcísico – libidinal dos objetos pertencentes ao mundo que o cerca, a partir de aspectos tais como processos identificatórios, idealizações, fantasias, afetos ambivalentes, de comunicações interrompidas, entre ditos, não ditos e de mal ditos. Há ainda paradoxos com os quais se depara ao longo da vida, principalmente os mecanismos envolvidos na relação entre pertencimento e separação.

Para André Green (1994), o paciente do nosso tempo já não é mais referido a Édipo, mas a Hamlet. Vive-se com a pergunta que não quer calar – ser ou não ser –, mas essa questão tem uma direção, pois sempre há a necessidade de que um objeto de amor acolha o humano, que responda suas demandas, em sua tentativa de proteção contra **a ameaça do sentimento de desamparo e abandono que assola o humano em diferentes formas.**

Bem, mas no complexo processo de subjetivação, que envolve o eu e o outro, há uma dependência primária de um olhar que legitime uma existência, e a imagem de si mesmo se constrói a partir desse olhar. A dimensão sensorial será uma base fundamental na formação de um espelho interno a partir do qual o sujeito possa vir a se reconhecer.

Falamos aqui então da importância do objeto primário, pois é o corpo da mãe ou de quem ocupe essa função, em sua sensorialidade, que oferece suporte ou "apoio" ao corpo do *infans*. Esse objeto e seu investimento narcísico, sua presença, seu desejo e seu funcionamento psíquico que contribuem, em grande parte, para a construção da subjetividade e espera-se que ofereça recursos para a formação de um filtro protetor **contra os excessos de estímulo, internos e externos, para o Eu em formação**. Segundo Aulagnier (1985) seria aquele que se oferece como prótese e que, ao mesmo tempo, venha a tornar-se familiar e estranho, **a partir do processo identificatório**. Esse que, segundo Freud (1996), é um ser de superfície, e mais especificamente, a projeção de uma superfície.

Assim, utilizando uma expressão freudiana, temos um mundo de almas transbordantes cujo corpo foi atingido em função da precariedade de recursos do Eu diante da ameaça do sentimento de desamparo (Freud, 2006).

Então, será no Eu e em sua superfície, a imagem por ele projetada, que aparecem denunciadas a marca e a sombra do narcisismo parental e familiar. Ressaltamos esse elemento, pois a imagem projetada no espelho carrega fantasias e crenças decorrentes imposições sociais e denuncia ainda conteúdos inconscientes tais como: lutos não elaborados e ideais superegoicos dos antecessores na cadeia geracional.

Em outro trabalho (Azevedo, 2018), onde discutimos a questão da constituição identitária na contemporaneidade e refletimos sobre uma cultura que nos impõe uma sala de espelhos, perguntamos qual seria, dentro de uma relação espaço-temporal, a imagem que se propaga no infinito: seria a imagem do outro, do outro social ou da sombra do outro que o habita?

Não é raro ouvirmos algum paciente dizer que se olha no espelho e não se reconhece. Clarice Lispector dizia não reconhecer aquela estranha que via no espelho (Moser, 2009). Algumas formas contemporâneas de apresentação de sofrimento, tais como os transtornos de imagem, nos ajudam a entender que sendo o Eu, segundo Freud no texto O Ego e o Id (1996), um ser de superfície, suas falhas são experimentadas como falhas no corpo a serem cirurgicamente corrigidas. Podemos traduzir essa situação percebendo que o sujeito vai funcionar no mundo e responder às exigências internas e externas de acordo com os recursos defensivos possíveis. Assim, vamos continuar a viver de acordo com as nossas possibilidades, marcados pela "dor e pela delícia de ser o que é", como diz a música "Dom de iludir", de Caetano Veloso, e ter de suportar as faltas, as falhas, as dificuldades e as imperfeições refletidas no espelho, projetadas pelo olhar internalizado do outro, crítico, vazio ou idealizado.

Nesse espelho interno encontra-se projetada a imagem de um outro, dos ideais e da ilusão narcísica de perfeição. Nesse caso, é que o humano se vê às voltas com uma certa confusão entre as dificuldades do eu e as insuficiências do corpo, pois o transbordamento decorrente de uma indiferenciação desse outro internalizado se apresenta nas diversas formas de adoecimento que atingem o corpo. E, para não se tornar presa do desalento, é preciso agir e "transgredir", entendendo que **o processo de subjetivação depende de uma diferenciação dos objetos primários.** "Só na transgressão avaliamos e demarcamos novas fronteiras e nos leva a descobrir novos territórios" (Szpacenkopf, 2011, p. 51). Freud nos diz sobre isso que é preciso superar o "doloroso fastio do mundo", pois a ilusão e a crença de ser muito se transformam no nada ser.

Além disso, é preciso pensar em uma integração possível para o sujeito, de forma que este possa, segundo Abraham (*apud* Azevedo, 2018), se proteger de um luto que não pode ganhar um *status* de pensável porque não está no registro do dizível, mas, no corpo e, assim, construir, com ele e para ele, uma mitologia pessoal com a qual possa se identificar.

Estamos falando do Eu que habita um corpo, como um personagem, parte de um enredo, a quem será atribuído um papel e que, ao mesmo tempo, desenvolve uma crença sobre o seu lugar neste enredo. Essas crenças fazem parte das fantasias inconscientes infantis que se mantêm ao longo da vida. O eu-corpo, parte concreta da existência, carrega a marca de sua história, se identifica com essa ou aquela imagem projetada sobre si, apropriando-se ou não desta imagem.

O mundo psíquico, em sua virtualidade, composto em uma encenação do cenário identificatório familiar, implica a existência de mais que traços, mas inscrições que estabelecem uma dinâmica psíquica e relacional que envolve toda configuração inconsciente do grupo de pertencimento primário do sujeito, em uma malha psíquica inconsciente familiar, cujos modos de ligação dependem da mediação do eu. E que nós, analistas em nossa função de intérpretes, temos de estar atentos às filigranas das narrativas trazidas por aqueles que nos procuram, e com isso atentar à perspectiva transgeracional que está em jogo apesar de não explicitada.

Não podemos deixar de considerar o sentimento de pertencimento dentro de uma genealogia, pois este, apesar de estar ligado à perspectiva subjetiva, na verdade será também um reflexo de projeções advindas de seus objetos primários e do lugar que lhe foi atribuído no grupo familiar a que pertence. O acesso à temporalidade e a uma historicidade são inseparáveis, já que a entrada em cena do Eu ocorre, conjuntamente, com a entrada em um tempo histórico. Apontamos essa questão para lembrar que aqui estão em pauta os recursos que o Eu adquire de modo a organizar e administrar sua economia psíquica e sua dinâmica pulsional, com recursos, em sua maioria, advindos dos modos de ligação estabelecidos em determinado grupo familiar.

Em função do caráter incipiente do aparelho psíquico, a criança, em sua condição de passividade originária, é penetrada por diversos conteúdos que ficam sem a possibilidade de tradução. Esses são da ordem de sensações e impressões transmitidas no corpo a corpo da dupla mãe-bebê e dependem ainda das ressonâncias do projeto narcísico esboçado para o novo ser, que não são passíveis de tradução. Estamos então apontando o corpo como o veículo principal da transmissão por meio de sua sensorialidade. Em primeira instância, nesse contexto, o conteúdo transmitido é revestido por uma linguagem inconsciente, cuja transferência seria feita do inconsciente de um ao inconsciente do outro, e a característica da mensagem em questão é da ordem de um enigma (Azevedo, 2001).

Assim, na perspectiva da transmissão, o corpo será o veículo por meio do qual se transmite o intraduzível, a saber: o afeto, o olhar, o cheiro, mas também a dor, o sofrimento, o olhar vazio de sentido, o abraço que não abraça, o toque que incomoda, a mão que não segura etc.

O silêncio, o vazio de narrativa, a impossibilidade de falar de si e a desesperança tornam-se uma denúncia de que há algo sentido, mas sem sentido. Na clínica a ressonância do vazio, do vácuo psíquico, relacionado à intensidade do aspecto traumático envolvido, depende fundamentalmente da percepção de um mal-estar que aparece muitas vezes vivido no corpo do analista e não só no âmbito psíquico.

Sobre a construção da subjetividade há muitos enigmas, como falamos no início, pois o Eu é uma formação em caleidoscópio. Cada um traz uma história e com ela seus fantasmas e sintomas, associados às imposições do meio ambiente, da sociedade e de toda uma cultura, o que contribui para a apresentação de resultados diferentes.

## 2.3 O CORPO COMO VEÍCULO DA LIGAÇÃO E A PERSPECTIVA TRANSGERACIONAL

Em função de termos proposto pensar o adoecimento na perspectiva transgeracional, e atribuir a presença de uma sombra no espelho interno do Eu, será indispensável apontar os aspectos traumáticos não elaborados por determinada geração que comprometem a constituição subjetiva de seus membros.

De acordo com a teoria de Kaës (2001, p. 69), "a noção de trabalho psíquico da transmissão é entendida como o processo e o resultado de ligações psíquicas entre aparelhos psíquicos e como as transformações são operadas por essas ligações". Enfim, para esse autor, a partir de uma corrente de gerações, os sujeitos são inscritos em uma cadeia com atribuição de um lugar e uma função. Isso para dizer que o espaço e o tempo oferecidos a um sujeito dentro de uma genealogia, ao mesmo tempo em que demarcam seu lugar na vida, também poderão contribuir para seu processo de adoecimento.

Em **Totem Tabu**, Freud apresentou uma fala eternizada que compõe o texto da peça "Fausto", de Goethe: "Aquilo que herdaste de teus pais conquista-o para torná-lo teu". Essa constitui um profundo conteúdo que se aplica no que estamos buscando demonstrar. Como se apropriar de uma herança cujo conteúdo é desconhecido? Na perspectiva transgeracional há resíduos identificatórios que não são acessíveis, o que impede sua aquisição e transformação, restando apenas repeti-la. Então, a partir da situação em que o sujeito recebe uma herança sem objeto, cujo conteúdo encontra-se cifrado, encriptado, essa se atualiza no corpo. Segundo Torok (2000, p. 250), existem dores que são excluídas da rememoração e da narrativa.

Entre o corpo, fronteira entre o Eu e o Outro, e a história em que está inserido estabelece-se a dimensão espaço-temporal. Essa é a via por onde transitam os não ditos e se aloja a cripta familiar. Nessa relação encontram depositados os projetos narcísicos, congruentes ou não, e se vinculam a dimensão temporal e o contexto afetivo, social, histórico e cultural no qual a existência de cada membro de um grupo familiar ganha sentido.

Diante de subjetividades amputadas em sua história, há marcas de um passado carregado de afetos não traduzidos, de palavras não ditas, de desassossegos amorfos, os quais podemos chamar, de acordo com Winnicott, de angústias impensáveis.

Se as marcas do traumatismo familiar se encontram cifradas no corpo, o próprio sujeito não consegue acessar ou reconhecer como seu. Esse é o paradoxo com que lidamos na clínica e que precisamos aguçar nossa escuta.

Dentre as muitas situações que podem ser sentidas como traumáticas, interessa-nos transitar pelos aspectos transgeracionais em termos de transmissão psíquica que afetam corporalmente os sujeitos a ele vinculados. Nessa perspectiva, apontamos a ausência de recursos para elaborar determinados lutos. O que acaba por ser inserido naquilo que não favoreceu a transmissão ou a elaboração de uma determinada situação traumática sugere a interveniência de aspectos narcísicos primitivos do grupo familiar ou de alguns de seus membros. Nesse caso, é estabelecido um pacto de silêncio que afeta as gerações atuais e futuras. Com isso, há um sistema complexo com elementos encriptados e/ou cifrados que aprisiona o sujeito ou os sujeitos envolvidos, produzindo um prejuízo em sua capacidade simbólico-representativa.

Sabemos que o que não se tem acesso pela linguagem está além do verbalizável e impedido de ser elaborado pela via da fantasia. Logo, os elementos psíquicos desligados, rechaçados, são capazes de adquirir uma potência de destruição e de violência, na medida em que não são transformados no metabolismo do processo psíquico grupal. Portanto, aquilo que é indizível torna-se impensável para a geração seguinte.

Dessa forma, a expressão da angústia sem nome passa primeiro por estados do corpo, pela imagem do corpo fragmentada, e, posteriormente, por cenários fantasmáticos com seus diversos personagens e, enfim, pelas palavras.

Quando há segredos guardados no seio da família, sempre existirão duas figuras em questão: um "guardião", cuja função é a de fechar todos os sentimentos e lembranças em si e recusá-los ao outro, e aquele que se tornará o "portador" do segredo, o portador da cripta.

Nesse contexto, o que não se pode ter acesso direto pela linguagem aparece como uma sombra. Pode-se exemplificar a partir de diversas situações psicopatológicas, tais como em quadros melancólicos, depressivos, alcoolismo, toxicomanias e doenças psicossomáticas (Rouchy, 2000).

Na perspectiva da transgeracionalidade percebemos alguns prejuízos, na constituição da diferença, a intensidade pulsional se volta ao Eu, ao corpo em sua destrutividade. Nessa enigmática forma de funcionar do psiquismo humano, o adoecer surge como mecanismo de defesa, paradoxalmente, tendo sido a melhor solução encontrada diante dos recursos defensivos possíveis ao sujeito.

Contexto em que o Eu em sua função de intermediação encontra-se esmaecida, a capacidade de contenção fica prejudicada e o impulso do transbordamento no sentido de busca de satisfação imediata fica cada vez mais forte. A situação que se apresenta a um Eu sem contorno e sem contenção e que fica impedido de reconstituir seu próprio projeto narcísico, suas relações apresentam-se instáveis e o padrão comportamental apresenta-se transbordante, aditivo e repetitivo. Segundo Freud enfraquece sua capacidade de amar e trabalhar, pois adoecer também é um destino da vida psíquica. Os transtornos alimentares, as adições e a somatização são exemplos comuns de vicissitudes dos movimentos da vida psíquica nessa perspectiva. Aulagnier (1988) diz que está em poder do Eu, de seu trabalho de investigação, de conhecimento, de previsão, inventar respostas frente às mudanças do "meio" psíquico e físico que o envolve, mas que não está em seu poder inventar novas defesas, se certas condições (internas ou externas), necessárias para o seu funcionamento lhe faltarem. E,

> como o ego é uma estrutura mental que evolui a partir da dialética entre interno e externo, a estrutura egóica constitui a história do desenvolvimento da pessoa. Todas as atitudes, sentimentos e operações egóicas indicam, mesmo se não pudermos captá-las, os rastros de uma relação de objeto (Bollas, 2015, p. 44).

E sobre essa questão, Kaës (2001) acrescenta que o traumático deixará traços que continuarão a ligar as gerações entre si, em um sofrimento cuja motivação é desconhecida.

Podem ser encontradas fantasias persecutórias trazidas nas narrativas dos pacientes, que muitas vezes têm cunho transgeracional, como uma sombra advinda da história familiar, mas sempre relacionados a objetos primários. É preciso lembrar que, segundo Freud "o inconsciente fala mais de um dialeto".

A investigação sobre o adoecimento humano, na perspectiva da transmissão psíquica transgeracional, necessita do estabelecimento de uma relação entre a dimensão espacial e a temporal com os processos simbólicos. Pois essa perspectiva de adoecimento encontra-se relacionada ao enterramento de palavras, à ausência de linguagem e de representações que provocam um entrave do processo introjetivo e identificatório. Então, seguindo Figueiredo (2000, p. 45), podemos dizer que:

> [...] o problema reside no fato de o "objeto absolutamente necessário" revelar-se inconstante e cambiante antes de poder mostrar-se confiável e estimulante, continente e capaz de sobreviver às negativações, capaz de resistir aos processos

que o tornam introjetável e usável, ao fim da onipotência simbiótica.

Aqui, tempo e espaço falam do traço deixado pelo aspecto traumático, pelo narcisismo, assim como do superego parental, no qual se apresentam as sombras de um passado presente. Nesse contexto, o segredo, os não ditos e o silêncio promovem um ruído, um prejuízo e modos de adoecimento com uma destrutividade de difícil diagnóstico muitas vezes. Sujeitos herdeiros do luto familiar não elaborado, amputados em sua história, apresentam uma sintomatologia cujo manejo do trabalho clínico torna-se difícil, pela falta de elementos possíveis de tradução. Nesses casos, algo que não ganhou linguagem encontra-se cifrado na malha psíquica inconsciente familiar e será transmitido por meio da sensorialidade pelo objeto primário. Contudo, para que se instaure uma possibilidade de discriminação e de subjetivação, é preciso que haja uma mínima construção de sentido para poder compreender o que lhe cerca. Segundo Aulagnier (1985), será na dimensão intersubjetiva que a linguagem é adquirida, e a transmissão, realizada.

Os segredos e não ditos, a falta de clareza do discurso familiar, sua impossibilidade de tradução apontam para a existência de uma *transmissão negativa* ou uma *não transmissão* (Azevedo, 2006). Essa que, segundo Kaës (1998), apresenta a marca do *negativo* que aparece naquilo que não se contém, não se retém, relacionado aos objetos perdidos, cuja perda não foi elaborada. Não sendo possível instaurar limites psíquicos, com a sutileza da diferença fundamental entre o ontem e o agora, encontramos uma certa confusão entre tempo e espaço. Portanto, se é no cruzamento dessas duas dimensões que se delineiam o funcionamento e o impasse psíquico, gerador dos diversos sintomas, é, também, a partir daí que se reorganiza o espaço psíquico.

No pensamento de Abraham e Torok (1995), a situação traumática é transformada em segredo para tentar "proteger" a vida psíquica dos envolvidos. A partir deste é que se constrói a cripta com seus muros, no vazio de significação que o segredo carrega, na ordem do negativo, cuja tendência é repetir. Nesse sentido, o negativo é o único positivo que o sujeito possui (Winnicott, 1975). Na concepção de Abraham (1995), a "atualização" utiliza-se de formas verbais e/ou corporais na tentativa de encontrar um sentido.

Então, se não temos linguagem verbal, ficamos apenas com as impressões, as sensações que precisam de tradução e, quando nomeadas, podem ganhar o estatuto de transformáveis por meio do pensamento.

Esses efeitos primitivos devem ser traduzidos, inclusive porque, segundo Green (1990), diante de situações irrepresentáveis ou indizíveis, a excitação vai encaminhar-se ao somático. Se essas manifestações estão ligadas ao afeto e à reconversão somática do afeto é porque há, segundo Fontes (2001), uma memória corporal que será reativada na transferência.

Podemos dizer que, na constituição subjetiva, há a superposição de imagens projetadas, aderidas às imagens prototípicas, projetadas a partir do modo como os lutos familiares são elaborados pelos envolvidos, assim como a vergonha, o sentimento de impotência e vulnerabilidade têm origem na nossa origem.

O sentimento de ineficiência e de invisibilidade é anterior à constituição da subjetividade, porque depende inclusive do projeto narcísico que acompanha o nascimento de um novo membro da família. É preciso haver pelo menos um olhar que sirva de espelho e que integre e dê sustentação ao sentimento de desamparo. Alguém que o proteja do sentimento de invisibilidade e lhe ofereça um mínimo de reconhecimento, mesmo diante da existência de sombras familiares.

Em última análise, para Abraham (1995), uma estrutura psíquica é formada não de um conjunto de coisas, mas de um conjunto de sentidos e, desta forma, nos casos mais graves, a morte seria uma tentativa de inscrição possível. Voltamos ao pensamento de Abraham e Torok (1995) de que a situação traumática é transformada em segredo para tentar "proteger" a vida psíquica dos envolvidos.

De qualquer forma, segundo Kaës (2001, p. 56), "não há nada que seja abolido e que não apareça, algumas gerações depois, como enigma, como impensado, ou seja, como signo do que não pode ser transmitido na ordem simbólica".

## 2.4 DENÚNCIAS SILENCIOSAS NO CORPO

Quando falamos sobre adoecer na perspectiva transgeracional, implicados estão alguns conceitos psicanalíticos fundamentais, tais como: narcisismo, complexo edípico, masoquismo, trabalho do negativo, entre outros. Contudo, interessa-nos apresentar que, em termos da constituição subjetiva, o objeto primário participa desse processo corporalmente, em que a dimensão sensorial seja a base por meio da qual a dupla indiferenciada mãe-bebê se comunica.

A criança, em sua condição de passividade, por meio do mecanismo de incorporação, recebe os conteúdos inconscientes que lhe são projetados. As defesas e falhas desse objeto que se oferece como "prótese psíquica"[1], serão parte da atividade fantasmática. Isso para dizer que, segundo Kaës (2001), diante da existência de um luto impossível, se desenvolvem impeditivos herdados do objeto primário. A capacidade simbólica torna-se frágil e, nesse sentido, a função de intermediação do Eu ficará comprometida.

Segundo Perron (1992), para que esse funcionamento frágil se fortaleça, é necessário que a mãe esteja realmente presente, pois o que ela traz (para a relação) são o seu próprio funcionamento simbólico e o seu universo de representação. A mãe é "suficientemente boa" porque ela dispõe de um aparelho psíquico simbolizante que liga seu filho na ordem do sentido em resposta ao apelo que lhe é dirigido pela criança. Mesmo quando as manifestações de seu bebê poderiam ser consideradas como indícios pelo observador externo, ela (a mãe) os trata, felizmente, como sinais, quer dizer que lhes atribui uma intenção de comunicação. E chega um momento em que os objetos do mundo exterior sustentam sua existência por meio do olhar comum sobre eles, da mãe e do filho.

Se atribuímos que os prejuízos no processo de subjetivação advindos do objeto primário atingem o corpo, é porque "o corpo do sujeito como representante do outro vai ser o estranho a ser atacado e excluído, por isso atribuímos que ocorre ali um curto-circuito" (Azevedo, 2021, p. 45). Em outro trabalho, aproximamo-nos da hi-

---

1  Aulagnier – conceito de prótese.

pótese de que este processo seria como um retorno sobre si próprio e que poderia ter uma conotação de autossadismo. Contudo, em todas essas possibilidades, o empobrecimento da capacidade simbólica estará sendo referido como um dos aspectos mais importantes.

Urribarri, em seu livro **Por que Green?**, diz que "o trabalho do negativo estruturante opera produzindo limites do psiquismo, institui a descontinuidade e a diferença no nível do continente" (p. 72). Lembra ainda que, para André Green, o negativo não é tanto um conceito único, mas um campo temático e uma perspectiva. A partir dessa perspectiva, esse autor se refere ao trabalho do negativo como aquele que visa produzir a ausência como categoria intrapsíquica, como condição de simbolização como resposta necessária às intermitências do objeto (a ausência não é perda, mas presença potencial, suporte da esperança do reencontro).

Segundo Perron (1992), o trabalho de simbolização baseia-se na presença sobre a ausência, originando-se de alguém, transita por alguém e se endereça para alguém. Para esse autor, representar, simbolizar, teorizar é, de fato, lutar contra a morte.

Já dissemos que o corpo seria um intermediário fundamental no processo de transmissão psíquica, espaço onde o Eu e a história se intrincam. Os não ditos familiares transformam segredos em um conteúdo encriptado, e este será provocador de uma repetição, dentro de uma corrente transgeracional. Assim, "a elucidação de que a base da transmissão psíquica não está no que é transmitido, mas na forma como é efetuada e, aí, é que aparece em evidência o aspecto traumático da transmissão transgeracional" (Azevedo, 2021, p. 16). Uma vez que o aspecto simbólico está diretamente ligado ao adoecer na perspectiva transgeracional, este "só pode ser pensado como estrutural na psique" (Baranes, 2001, p. 202).

## 2.5 UM OLHAR A PARTIR DA CLÍNICA

Com o que lidamos na clínica será sempre o produto vivo da interação entre história pessoal e história familiar, o contexto social e a relação com o próprio corpo, dentro do que pode ser articulado entre o internalizado e o projetado, o idealizado e o fantasiado.

Como humanos, somos um caleidoscópio formado por diversos elementos a serem manejados.

Segundo Faimberg (2001), no campo transferencial, o paciente fala e escuta a partir de suas identificações inconscientes e o analista pode inferir acerca das identificações do paciente, a partir do que acredita ter dito e do que foi escutado pelo paciente. Freud, em **Construções em análise**, afirma que, quando nos defendemos de algo, é porque aquilo nos produz algum incômodo afetivo. Diz ainda que é importante estarmos atentos pelo fato de trabalharmos com fragmentos de uma verdade histórica. Em função disso, é importante adquirir dados históricos e atuais, convidar o sujeito a compartilhar seu mal-estar no campo transferencial, entendido como espaço de trabalho, transição e transformação.

Temos nos deparado com situações clínicas caracterizadas por diversas formas de transbordamento, acionadas pelo gatilho de uma insuficiência de recursos, que provoca uma ausência de resposta psíquica. Esse quadro remete o analista a falhas precoces relacionadas à função continente dos objetos primários.

O processo de análise oferece a possibilidade de devolver a palavra onde havia silêncio, restituir o segredo (intrapsíquico) enterrado, revelar aspectos do funcionamento psíquico, além de poder adquirir a categoria de objeto, a partir das construções possíveis para o sujeito. Além disso, visa, também, restabelecer para o sujeito a função de um filtro protetor que deveria ter sido estabelecido pelo meio, pelas figuras parentais. Por isso Kaës (2001) aponta que "o tempo, a memória e a relação do sujeito com sua própria história psíquica são modificados pela psicanálise".

Com o auxílio dos conceitos desenvolvidos por André Green, Ferenczi e Winnicott, o foco do trabalho clínico tem sido realizado nas dimensões mais primitivas e de maior precariedade do funcionamento psíquico. Há uma gama de trabalhos teórico-clínicos que têm nos ajudado a compreender muitas das dificuldades que vivenciamos na clínica. Em tempos como esses que estamos vivendo – entre guerras, intolerâncias, com o insuportável da diferença– cada vez mais chegam aos nossos consultórios casos complexos que exigem uma escuta mais sensível, o que inclui um refinamento nos recursos técnicos exigidos no manejo clínico. O analista deverá estar atento à necessidade de lançar mão de sua capacidade de sentir, de suas reações contratransferenciais, para poder entrar em contato com aspectos muito primitivos, essencialmente, psicossomáticos de seu paciente. Processo em que seu corpo e sua capacidade de sentir estarão implicados. Como arqueólogos da mente humana, trabalhamos com os fragmentos a que temos acesso.

Nesse contexto, o adoecimento do corpo aparecerá como denúncia da ausência de certos recursos necessários às funções defensivas do eu, cuja função de fronteira entre interno-externo não pode ser delimitada. O que está sendo delimitado aqui é que os sujeitos que se encontram marcados pelas sombras dos traumas transgeracionais apresentam sua integridade física e psíquica ameaçadas, em função da fragilidade em seu filtro protetor[2]. A instância que deveria funcionar como reguladora do excesso de excitações e contribuir para a produção de sentido encontra-se deficitária, não cumpre seu papel devido ao fato de não haver recursos simbólicos disponíveis para tal, o que, segundo Winnicott, é desempenhado inicialmente pela mãe. Nesse caso, há fendas na fronteira do psiquismo que atingem o corpo e se acumulam de forma silenciosa e invisível.

No processo analítico investe-se no trabalho com um Eu primitivo, no sentido de auxiliar o paciente a lidar com o seu sofrimento, desmistificar sua mitologia pessoal em função do fato de não ser aquilo que projetaram para ele (mas nunca somos ou não deveríamos ser), e contribuir para uma possível reconfiguração de sua economia psíquica e sua capacidade de lidar com elementos de sua história.

Tornar-se sujeito implica tornar-se diferente do outro que o habita, ter direito a se reconhecer em sua própria imagem, além de desenvolver sua capacidade de imanência. É preciso viver uma história em que o sujeito seja parte de um todo e poder, ao mesmo tempo, ser diferente desse todo. Lembrando que no processo de integração (Winnicot, 2000) e de subjetivação, junto ao discurso do meio, são acrescidos elementos tais como o olhar e o cuidado materno, com sua expressividade, sensorialidade e o afeto que acompanha o investimento libidinal, além do modo como seu grupo familiar experimentou seus dramas, romances e/ou tragédias por eles vividos transgeracionalmente.

Entre o estranhar-se e reconhecer-se no espelho é preciso instaurar uma diferença fundamental. Se vimos que no modo de adoecer aqui abordado não foi instaurada uma diferença fundamental, pode-se tentar construí-la no movimento de continuidade do processo analítico, no *fort-da* do ir e vir das sessões, a vivência da aproximação e do afastamento, objetiva-se a construção de um objeto confiável a ser internalizado. Segundo Aisenstein (2019), é no acolhimento corpo a corpo a distância que se reconstitui a pele psíquica.

Então, na clínica atual recebemos para atendimento sujeitos com uma capacidade de mediação prejudicada, com rarefação do material simbólico representativo e um aumento significativo de sintomas corporais e de anestesia afetiva, demonstrado pela falta de esperança e sensação de congelamento do Eu.

A tessitura da experiência clínica e a teoria dela decorrente oferecem ao trabalho do analista um olhar mais acurado sobre o sujeito singular e a sua história. Cada sujeito se apresenta emaranhado em sua malha psíquica inconsciente, ligado a seus próximos entre "nós e laços", entre diversas formas de tramas. Nessa proposta de trabalho, encontra-se a possibilidade de restaurar o afeto em lugar da dissociação e colocar palavras onde havia um *vácuo* histórico (Tisseron, 2002).

Então, nos tempos atuais, mais do que nunca, importa-nos pensar sobre os modos complexos de adoecimento. Em relação ao aspecto sensorial implicado na construção da imagem de si e de sua relação com o objeto primordial, vimos que esse processo depende genuinamente de um intérprete que ofereça uma tonalidade adequada sobre o que está sendo expresso sem dizer.

Lembrando que o Eu aparece projetado no espelho em sua positividade ou negatividade, no inconformismo de uma imagem imperfeita, refletindo a tirania de seus ideais. No corpo adoecido, aparece o encontro com o "estranho familiar" incorporado, que Freud tão bem descreveu em seu texto de 1919. O contexto analítico funcionará como suporte, com uma aposta na reabilitação da vitalidade, da capacidade de transformação do sujeito, a partir da possibilidade de haver uma reconfiguração do seu funcionamento psíquico e, consequentemente, somático. Isso se tornaria viável a partir de uma reorganização de sua economia psíquica, com a possível reelaboração de uma história na qual possam ser criados novos referenciais identificatórios mais maleáveis.

Enfim, o que foi aqui exposto nos convida a continuar a pensar sobre os diversos modos de adoecimento dentro da perspectiva transgeracional e os consequentes impasses em uma clínica que exige mais do analista em relação à sua presença no *setting* e fora dele.

## REFERÊNCIAS

ABRAHAM, N.; TOROK, M. **A casca e o núcleo.** São Paulo: Escuta, 1995.

AISENSTEIN, M. **Dor e pensamento.** Psicossomática contemporânea. Porto Alegre: Editora Dublinense, 2019.

AULAGNIER, P. **A violência da interpretação:** do pictograma ao enunciado. Rio de Janeiro: Imago, 1985.

AULAGNIER, P. **Um intérprete em busca de um sentido.** São Paulo: Escuta, 1988.

AZEVEDO, M. M. A. A constituição identitária contemporânea e a cultura como sala de espelhos. **Cadernos de Psicanálise**, Rio de Janeiro: SPCRJ, 2018.

AZEVEDO, M. M. A. **O adoecimento do seio e a transmissão psíquica.** 2001. Dissertação (Mestrado em Psicologia) – Centro de Filosofia e Ciências Humanas, Instituto de Psicologia, Universidade Federal do Rio de Janeiro, Rio de Janeiro, 2001.

AZEVEDO, M. M. A. Ressonâncias da transgeracionalidade e o câncer de mama. *In:* FILGUEIRAS, M. S. T. (Org.). **Câncer de mama –** Interlocuções e práticas interdisciplinares. Curitiba: Appris, 2018.

AZEVEDO, M. M. A. **Segredos que adoecem:** um estudo psicanalítico sobre o críptico adoecimento somático na dimensão transgeracional. Tese (Doutorado em Psicologia) – Centro de Filosofia e Ciências

Humanas, Instituto de Psicologia, Universidade Federal do Rio de Janeiro, Rio de Janeiro, 2006.

AZEVEDO, M. M. A. **Segredos que adoecem:** Um estudo psicanalítico sobre o críptico adoecimento somático na dimensão transgeracional. Curitiba: Appris, 2021.

BARANES, J. J. Tornar-se si mesmo: avatares e lugar do transgeracional. *In:* KAËS, R. *et al.* **Transmissão da vida psíquica entre gerações**. São Paulo: Casa do Psicólogo, 2001.

BOLLAS, C. **A sombra do objeto**. Psicanálise do conhecido não pensado. São Paulo: Escuta, 2015.

BORGES, J. L. O imortal. *In:* BORGES, J. L. **L'Aleph**. Paris: Gallimard, 1967.

FAIMBERG, H. Escuta da telescopagem das gerações. *In:* KAËS, R. *et al.* **Transmissão da vida psíquica entre gerações**. São Paulo: Casa do Psicólogo, 2001.

FIGUEIREDO, L. C. **Limites**. São Paulo: Escuta, 2000.

FONTES, I. A. Transferência – Uma regressão alucinatória. **Revista Latinoamericana de Psicopatologia fundamental**, São Paulo, v. 4, n. 2, p. 18-28, jun. 2001.

FREUD, S. **A negativa**. Edição Standard Brasileira das Obras Psicológicas Completa de Sigmund Freud. Rio de Janeiro: Imago, 2006. v. 19.

FREUD, S. **Além do princípio de prazer**. *In:* FREUD, S. Edição Standard Brasileira das Obras Psicológicas Completa de Sigmund Freud. Rio de Janeiro: Imago, 1985. v. 7.

FREUD, S. **Construções em análise**. Edição Standard Brasileira das Obras Psicológicas Completa de Sigmund Freud. Rio de Janeiro: Imago, 1975. v. 23.

FREUD, S. **O Ego e o Id**. Edição Standard Brasileira das Obras Psicológicas Completa de Sigmund Freud. Rio de Janeiro: Imago, 1996. v. 18.

FREUD, S. **O estranho**. *In:* FREUD, S. Edição Standard Brasileira das Obras Psicológicas Completa de Sigmund Freud. Rio de Janeiro: Imago, 1985. v. 9.

FREUD, S. **Parte VII**; Identificação. Edição Standard Brasileira das Obras Psicológicas Completa de Sigmund Freud. Rio de Janeiro: Imago, 1985. v. 18.

FREUD, S. **Sobre o Narcisismo:** uma introdução. Edição Standard Brasileira das Obras Psicológicas Completa de Sigmund Freud. Rio de Janeiro: Imago, 1985. v. 14.

FREUD, S. **Totem tabu**. Edição Standard Brasileira das Obras Psicológicas Completa de Sigmund Freud. Rio de Janeiro: Imago, 1993. v. 13.

GREEN, A. **El trabajo de lo negativo**. Buenos Aires: Amorrortu, 1995.

GREEN, A. **La nueva clínica psicoanalítica y la teoria de Freud**. Buenos Aires: Amorrortu, 1990.

GREEN, A. **O complexo de Hamlet:** desejo, histeria e comédia. Rio de Janeiro: Imago, 1994.

GUILLAUMAN, J. Les contrebandiers du transfert ou le contre-transfert et le contournement du cadre par la realité extérieure. **Revue Française de Psychanalyse**, n. 5, p. 1481-1520, 1994.

KAËS, R. **O grupo e o sujeito do grupo**. São Paulo: Casa do Psicólogo, 1997.

KAËS, R. **Transmissão da vida psíquica entre gerações**. São Paulo: Casa do Psicólogo, 2001.

KAËS, R. **Transmission de la vie psychique entre generations**. Paris: Dunod, 1998.

MOSER, B. **Clarice, uma biografia**. São Paulo: Cosac Naïf, 2009.

PERRON, R. Representação, simbolização, teorização. **Revue Française de Psychanalyse,** n. 56, p. 159-174, 1992.

RAND, N. **Quelle psychanalise pour demain?**. Paris: Érès/Transition, 2002.

ROUCHY, J. C. Fantôme in héritage: du morcellement au lien. **Revue de Psychothérapie Psychanalytique de Groupe**. Paris: Érès, n. 34, 2000.

SZPACENKOPF, M. I. O. **Perversão social e reconhecimento na atualidade**. Rio de Janeiro: Garamond, 2011.

TISSERON, S. Les secrets de famille, la honte, leurs images et leurs objets. *In:* TISSERON, S. **La Psychanalyse avec Nicholas Abraham et Maria Torok**. Paris: Érès, 2002.

TOROK, M. A clínica do luto interminável: melancolia e depressão. *In:* ABRAHAM, N.; TOROK, M. **Luto e melancolia:** a teoria dos enredos fantasmáticos. São Paulo: Escuta, 2000. p. 250.

URRIBARRI, F. **Por que Green?**. São Paulo: Zagodoni, 2002.

WINNICOTT, D. W. **Da Pediatria à Psicanálise**. Rio de Janeiro: Imago, 2000.

WINNICOTT, D. W. **O brincar e a realidade**. Rio de Janeiro: Imago, 1975.

# 3 ONDE TEM EXCESSO TEM PROBLEMA

*Dirce de Sá*

## 3.1 INTRODUÇÃO

Esta reflexão sobre a compulsão aborda o conceito sob a ótica da Psicanálise e sua relação com a Psicossomática, a começar pelas definições. No livro **Vocabulário da Psicanálise**, Laplanche e Pontalis (1983) definem a compulsão como uma repetição de atos ou pensamentos que vão contra a vontade consciente do indivíduo e têm origem no inconsciente. Essa definição destaca a dimensão inconsciente da compulsão e sua relação com a vontade consciente. A compulsão pode se manifestar de diversas formas, como na repetição de comportamentos destrutivos ou pensamentos obsessivos. Essa repetição pode gerar consequências psicossomáticas, afetando a saúde física e emocional do sujeito. Compreender a compulsão sob a ótica da Psicanálise e sua relação com a Psicossomática pode ser fundamental para lidar com esse distúrbio de forma mais efetiva. É possível buscar ajuda profissional para compreender e trabalhar as causas profundas da compulsão, visando o equilíbrio e o bem-estar do indivíduo.

> [...] Ao nível da psicopatologia concreta, processo incoercível e de origem inconsciente, pelo qual o sujeito se coloca ativamente em situações penosas, repetindo assim experiências antigas sem se recordar do protótipo e tendo, pelo contrário, a impressão muito viva de que se trata de algo plenamente motivado na atualidade... (Laplanche; Pontalis, 1992, p. 83).

A compulsão pode se manifestar em situações não prazerosas e até mesmo dolorosas, que promovem sofrimento. Procurar entender esse lado misterioso do comportamento humano é bastante instigante. As pessoas podem repetir comportamentos compulsivos como forma de buscar gratificação emocional, visando aliviar a angústia. Um exemplo clássico é a compulsão alimentar, discutida mais adiante, que pode ter sua origem no desprazer. Na sociedade atual, há uma busca excessiva pelo prazer, que a psicanálise nomeia como gozo, o que resulta em comportamentos compulsivos, que se caracterizam por serem repetitivos e frequentes. A gratificação que se segue ao ato (o comer excessivo), seja ela o prazer ou o alívio do desprazer, reforça a pessoa a repeti-lo, e, depois desse alívio imediato, segue-se uma sensação negativa por não ter resistido ao impulso de realizá-lo e a gratificação inicial (o reforço positivo experimentado pelo paladar) permanece mais forte, levando à repetição. Este é, portanto, o esboço da dinâmica que esclarece o funcionamento do conceito de compulsão à repetição, de acordo com Freud (1920).

Ao tratar desse conceito, estamos falando da perda de controle que leva o sujeito a agir impulsivamente, muitas vezes em resposta a uma obsessão ou regras irracionais que visam evitar algo no futuro. O sujeito sabe que não deveria fazer isso, mas age sem pensar e, após a ação, sente culpa e se castiga repetindo o comportamento. A culpa é a chave para a compreensão da compulsão à repetição. Aqueles que sofrem com compulsões sentem desconforto emocional se não puderem repetir o comportamento mesmo que possa causar prejuízos em suas vidas pessoais e profissionais, levando a um processo de dependência. Tais comportamentos são tentativas de buscar alívio para a angústia, mas como não são eficazes recaem na mais legítima definição do que seja compulsão: "Sei que não devo, mas mesmo assim eu faço".

As patologias contemporâneas refletem o mal-estar da atualidade, caracterizado pela sensação de vazio e questões narcísicas. Estas são expressas pelo corpo e frequentemente utilizam o ideal de beleza vigente como forma de lidar com esses conflitos. A compulsão é sempre relacionada à repetição, e, portanto, à neurose obsessiva. Segundo Freud, em diversas obras, há alusão à neurose obsessiva e à histeria, que são chamadas de neuroses de transferência. Isso porque, durante a análise, os pacientes tendem a repetir com o analista as situações primitivas e inconscientes que causam seus sofrimentos psicológicos, como parte da compulsão à repetição. Vale lembrar que traços típicos da neurose obsessiva ou histeria não estão presentes apenas em pessoas com patologias psicológicas, mas também em pessoas consideradas saudáveis, evidenciando que até mesmo a compulsão à repetição tem um lado positivo, ajudando a resolver problemas passados por meio da repetição na transferência.

Acredito que a "gestação psíquica" que um processo de análise pode representar possibilite ao sujeito a construção de um "continente" capaz de acolher suas feridas narcísicas, aquelas adquiridas nos primórdios da vida psíquica, ou seja, no momento de constituição do ego corporal e que permanecem como falhas básicas naquela subjetividade. Essas falhas representadas pela ausência da dependência inicial servem de base, de apoio, para pensar ser a compulsão uma saída para o sujeito diante da ausência de uma dependência inicial, que, nas palavras de Ivanise Fontes (2010, p. 55), significa: "Pouca dependência – Muita compulsão".

No tratamento de pacientes com compulsão, é importante trabalhar a culpa associada à repetição para ajudá-los a superar a paralisia que a culpa pode causar. Isso abre espaço para a conscientização e a consequente responsabilização pelas próprias escolhas, permitindo a transformação e a inovação pela via da criatividade. A liberação do peso da culpa pode despertar a criatividade e ajudar o paciente a se libertar da compulsão. É importante ajudar o paciente a assumir a responsabilidade por suas escolhas, uma vez que a responsabilidade é transformadora, enquanto a culpa faz o paciente ficar preso em um ciclo de repetição, lembrando uma imagem bastante representativa de um cão correndo atrás do próprio rabo.

A época em que vivemos é caracterizada por excessos, que são os representantes sociais dessa pulsão de morte, e as doenças atuais são a consequência dessa tendência ao exagero. Essas doenças, que antes não faziam parte do repertório de problemas abordados pela psicanálise, tornaram-se, curiosamente, a maioria das patologias que buscam ajuda atualmente. A depressão e todas as manifestações de dependência são exemplos disso, passando por todas as formas de compulsão.

## 3.2 PSICOSSOMÁTICA E AS COMPULSÕES

A psicossomática é uma área de estudo que busca entender a relação entre os aspectos psicológicos e os aspectos físicos da saúde e da doença. Ela parte do pressuposto de que as emoções e os conflitos psíquicos podem influenciar o funcionamento do corpo, e que a somatização, ou seja, a manifestação de sintomas físicos decorrentes de problemas emocionais, é um fenômeno real e pode ser uma forma de expressão de conflitos internos, de acordo com a escola americana.

A partir de 1940, percebe-se um crescente interesse sobre o tema, e, além do reconhecido valor dos estudos de Balint, surgiram duas escolas de psicossomática no âmbito do movimento psicanalítico: a Escola de Chicago e, posteriormente, a Escola de Paris. Além dos renomados colaboradores da psicanálise francesa, podemos observar dois grupos distintos: de um lado, os pesquisadores da Escola de Paris, que continuavam suas investigações, enfatizando a importância da psicossomática psicanalítica; e, do outro lado, os autores inspirados por Lacan, que buscavam sistematizar uma nova produção teórica, não podendo estabelecer uma relação causal direta entre o aspecto psíquico e o somático, como algumas interpretações da psicossomática sugerem. Em Lacan, **Seminário 11** (1973), o fenômeno psicossomático se refere a uma escrita no corpo, hieróglifos, aproximando-se do que ele considera registro do real. Entretanto, não convém limitar a complexidade dessas relações apenas à questão da representação do corpo.

A compulsão é um comportamento repetitivo e descontrolado que tem como objetivo aliviar a ansiedade, o estresse ou outros desconfortos emocionais. E ela se expressa de diversas formas: compulsão alimentar, jogos, drogas, álcool, mentira, sexo (ninfomaníacos), trabalho (*workaholics*), internet, exercícios físicos, celular, dentre outras. Infelizmente, estão surgindo novas modalidades de busca e obtenção de prazer, que expressam essa busca pelo excesso de prazer ou gozo mortífero.

A relação entre a psicossomática e a compulsão reside justamente no fato de que os conflitos psicológicos podem se manifestar no corpo por meio de comportamentos repetitivos. Por exemplo, uma pessoa que sofre com problemas de autoestima, pode desenvolver compulsão alimentar como uma forma de lidar com a angústia, tentando preencher esse vazio com alimento, mas, como não é de alimento que ela está precisando, o mal-estar persiste e ela volta a comer na busca da compensação efêmera do prazer, repetindo o ciclo indefinidamente. O ato de comer pode trazer uma sensação temporária de prazer e alívio, mas essa sensação é passageira e a compulsão se torna sinônimo de ciclo vicioso. Além disso, a compulsão alimentar pode gerar sintomas físicos, ou seja, contribuir para doenças como obesidade, diabetes, problemas cardíacos, anorexia, bulimia, vigorexia, toxicomania, ninfomania, entre as muitas formas de adição, que podem ser entendidos como manifestações somáticas dos conflitos emocionais subjacentes. É importante destacar que, com frequência, a pessoa que sofre com a compulsão pode não estar ciente do problema emocional que está por trás do comportamento repetitivo e descontrolado, dificultando o estabelecimento de um diagnóstico, agravando o problema e retardando o início do tratamento.

Nesse contexto, a psicossomática psicanalítica vem contribuir para o entendimento da relação entre os aspectos psicológicos e físicos da compulsão, auxiliando no tratamento e na prevenção desse tipo de comportamento. Por meio de uma abordagem integrada, que considere tanto os aspectos psicológicos quanto os aspectos físicos, é possível trabalhar na raiz do problema, identificando os conflitos internos que levam à compulsão e encontrando saídas saudáveis para se lidar com eles, ajudando o sujeito a buscar satisfação por meio de seus outros sentidos – extrair prazer, por exemplo, da visão de um belo prato colorido, tirando o foco do paladar e trazendo para a satisfação que o cheiro, a visão ou o tato podem proporcionar.

Nossa sociedade pode ser classificada como imagética, uma vez que cultua a "imagem perfeita" projetada pelo que a indústria do consumo considera ideal, em que a busca pela popularidade nas redes sociais e pela "perfeição" estética conduzem a decisões extremas na busca para atender ao padrão *fitness* do corpo magro e das feições estereotipadas de beleza.

A beleza ditada pela pós-modernidade é valorizada acima da saúde, e a lipofobia se torna uma preocupação clínica. Na tentativa de alcançar uma suposta qualidade de vida, há uma obsessão por eliminar a gordura, invalidando e denunciando a importância constatada historicamente que ela teve na preservação da espécie humana. A pressão social pela magreza é tão forte que se tornou uma virtude, especialmente para mulheres, que, hoje, são praticamente proibidas de terem apetite e são aprisionadas pela estética da magreza. A balança se tornou uma espécie de confessionário em que as pessoas prestam contas de seus excessos alimentares e se submetem a um padrão de beleza irreal e opressor.

A função metapsicológica do corpo se situa entre a dor e o prazer, a vida e a morte. Isso nos permite considerar tanto o corpo da representação quanto o corpo do transbordamento. O corpo, que está além da capacidade de simbolização, revela um excesso que é impossível de ser totalmente representado. O papel do corpo na teoria freudiana reflete e preserva essas características duplas, observadas tanto na teoria quanto na prática clínica da psicanálise, como vemos em **O Ego e o Id** (Freud, 1923).

A partir do estudo da histeria, que remonta aos primórdios do pensamento psicanalítico, somos confrontados com o sintoma corporal de forma particular. Em 1923, no livro **O Ego e o Id**, Freud fez a célebre afirmação: "O ego é antes de tudo um ego corporal" (1923, p. 40) tão importante para compreensão da função do corpo na sua obra. Essa afirmativa permite fazer uma comparação frutífera entre o sintoma corporal na histeria e o sintoma corporal nas doenças somáticas em si, revelando dois fenômenos distintos: a conversão e a somatização, cuja diferença fundamental reside nas vicissitudes da simbolização. Nesse sentido, podemos distinguir entre neuroses atuais e psiconeuroses.

A histeria, nesse momento, se torna o modelo por excelência que permitiu a Freud propor a ideia de que o corpo conta sua história por meio do que se manifesta, assim como nas imagens visuais e nos discursos dos sonhos. Ademais, os transtornos alimentares revelam os buracos deixados nos primórdios da vida psíquica no momento da constituição do ego corporal, explicando a busca excessiva pelo prazer na tentativa de preenchimento desses buracos, resultando em comportamentos compulsivos, que se caracterizam por serem repetitivos e frequentes. O indivíduo é motivado pela gratificação imediata que se segue à ação compulsiva, e a culpa surge após a ação, causando uma sensação negativa por não ter resistido ao impulso, reforçando a gratificação inicial, levando à repetição do mesmo ato. Assim, a dinâmica da compulsão à repetição é organizada em torno desse ciclo: "gratificação imediata – compulsão – culpa – repetição", no qual a culpa desempenha um papel central.

E, finalmente, é importante lembrar que vivemos em uma sociedade judaico-cristã que leva sempre o sujeito a buscar punição quando se sente culpado, contribuindo em muito para essa dinâmica da compulsão à repetição.

## 3.3 COMPULSÃO ALIMENTAR

Percebemos o surgimento de uma série de "novos sintomas" que evidenciam uma ampla gama de transtornos e disfunções. Entre eles, destacam-se os transtornos alimentares, a compulsão pelo trabalho e o exercício físico incessante, a busca constante por procedimentos cirúrgicos para alterar a aparência facial e corporal, a sexualidade compulsiva, a aversão ao envelhecimento, a necessidade incessante de estar em atividade e o medo intenso da passividade. Além disso, observa-se uma busca patológica pela saúde ou, inversamente, um desapego patológico em relação ao corpo, resultando em uma variedade de condições de somatização. Isto leva a crer que esses sintomas refletem a completa submissão do corpo, seja de forma positiva ou negativa.

Nesse momento, vivemos a mutação do laço social. Parafraseando Jean-Pierre Lebrun, no livro **A perversão comum** – viver juntos sem o outro (2008, p. 253), esse processo de mutação acontece de acordo com uma determinada dinâmica: "como a sociedade interfere na construção do aparelho psíquico há necessidade da renúncia do imediato".

Comer é um processo essencial de incorporação, em que os alimentos se tornam parte integrante do nosso corpo. Ele desempenha um papel fundamental na formação física e psicológica do ser humano, uma vez que os nutrientes provenientes da alimentação são indispensáveis para a manutenção da vida. Uma dieta adequada fornece vitaminas, minerais, carboidratos, lipídios, proteínas e água, necessários para manter uma composição corporal saudável e garantir capacidade física e mental adequadas, conforme citado em meu livro **Guia do Gordo e do Magro**, p. 95.

No entanto, o excesso representa um problema significativo. O consumo excessivo de alimentos é uma questão grave que pode levar à obesidade e a outros transtornos alimentares. Conhecido como *"binge eating"*, esse tipo de transtorno geralmente ocorre em segredo e é acompanhado de sentimentos de vergonha e culpa. Durante os episódios de compulsão alimentar, o indivíduo come de maneira apressada, mesmo sem sentir fome real, sem apreciar o sabor dos alimentos, e tende a preferir alimentos com alto teor calórico, como carboidratos. Isso ocorre porque esses alimentos exigem menos mastigação do que as proteínas, o que diminui o tempo de espera pelo próximo pedaço, mesmo que o sujeito não tenha experimentado o verdadeiro sabor daquilo que está ingerindo.

Tal comportamento tende sempre para atuação na polaridade e está relacionado às deficiências na constituição do ego corporal nos primórdios da vida psíquica. O cuidador dos primeiros anos de vida da criança tem a responsabilidade de introduzi-la no mundo por meio das sensações corporais, que são a única forma de conexão dela com o exterior, tendo a mãe como elemento de paraexceitação. Esse investimento emocional permite que o corpo infantil se torne erógeno e capaz de simbolizar, permitindo a transição do corpo vivido como próprio, de acordo com a psicanálise. Freud enfatiza a importância da mãe na prevenção do trauma decorrente de sua ausência, que pode levar a disfunções. Por meio do investimento da mãe no corpo da criança, esse "corpo de sensações" pode ser transformado em um "corpo falado", permitindo o uso da linguagem como forma de expressão, da mesma forma, fazemos alusão a Freud.

A função alimentar, exercida por meio do corpo materno, pode estar no cruzamento de questões que engajam diretamente o corpo e a feminilidade, em uma problemática exclusiva da mulher. A função alimentar é o que se coloca entre o corpo e o outro. Quando refletimos sobre a questão do corpo (formas e funcionamento) e da feminilidade (sexualidade) concluímos que a alimentação assinala a importância do modelo da oralidade na constituição do sujeito. Caso a falta da mãe cause um impacto traumático no bebê por representar a ausência desse refúgio protetor, dessa superexcitação que também o resguarda de si mesmo, ou seja, das sensações que surgem do seu próprio corpo, é justamente essa carência de proteção que, sendo traumática, pode desencadear a compulsão pela repetição como uma tentativa final de buscar a fusão dos impulsos, fazendo referência à pulsão e às suas vicissitudes (Freud, 1915).

Se as dificuldades de desenvolvimento da libido corporal do bebê pela mãe levam, de acordo com a primeira teoria das pulsões, a uma fragilidade do autoerotismo, podemos supor que, na segunda teoria das pulsões, essas dificuldades resultam no surgimento da compulsão pela repetição e dos fenômenos a ela relacionados. É a mãe, por meio de sua função de paraexcitação, que cria um corpo erótico e ensina o caminho da representação simbólica, desempenhando o papel simbolizador para o bebê. Quando esse tempo de simbolização é ausente, o aparelho psíquico fica exposto a traumas precoces. Sem a presença da simbolização, o recalque se torna impossível.

Em vez disso, surge a compulsão pela repetição, junto aos mecanismos de recusa e divisão, fazendo menção ao **Além do princípio do prazer** (1920). Nos transtornos alimentares, a relação entre alimento e afeto é evidente.

A anoréxica recusa o alimento como uma forma de recusar o afeto e o outro, sobretudo a mãe, perpetuando um ciclo vicioso de compulsão à repetição. Essa recusa pela mãe traduz-se em desejo nada, pois, como afirmou Lacan (1956, p. 376): "... não é que a anoréxica não coma, ela come o nada...". Por sua vez, o obeso tenta preencher um vazio emocional com alimento, em uma tentativa falha de aplacar sua angústia. A psicanálise pode ajudar esses pacientes a reviverem suas depressões infantis e elaborarem suas questões por meio da transferência, permitindo a repetição e a recordação da depressão infantil. É nesse contexto que podemos nomear o processo analítico como uma gestação psíquica, especialmente para pacientes com transtornos alimentares que apresentam lacunas em sua constituição psíquica. A compulsão à repetição é uma forma obsessiva de proteção da subjetividade utilizada por pacientes com transtornos alimentares para se defenderem contra o desinvestimento materno e a falta de sentido, sugerido por Freud em **O projeto para uma psicologia científica**, de 1895.

Qual seria, então, a relação entre transtornos alimentares e a experiência de satisfação? A partir da dependência do bebê em relação à mãe para suprir suas necessidades alimentares, o bebê liga sua satisfação à imagem do objeto. Podemos considerar que a perda do objeto desempenha um papel crucial no surgimento do desconforto, ou, mais especificamente, na angústia que leva o indivíduo a buscar conforto na comida. No trabalho terapêutico o importante é a investigação sobre o processo que o levou a desenvolver o sintoma, seja obesidade, anorexia ou bulimia.

As compulsões são uma forma importante de adoecimento dos sujeitos pós-modernos. A ideia de excesso está diretamente ligada à noção de limite, pois o fim do excesso é marcado pela contenção. Na adolescência, por exemplo, uma das características comuns é a transgressão dos limites, acompanhada de rebeldia e questionamento das regras estabelecidas, próprios do processo de crescimento. Entretanto, observamos os jovens na clínica, que enfrentam muitos desafios na atualidade, especialmente pela falta de pais que saibam impor limites. Se fosse necessário definir a principal marca da vida pós-moderna, talvez pudéssemos dizer que é a dificuldade em lidar com limites em geral.

Será que a solução para lidar com todos os problemas relacionados aos limites consistiria em nos tornarmos excessivos em todas as áreas da nossa vida, especialmente quando se trata da nossa relação com a comida? A mensagem atual parece transmitir a ideia de que devemos nos exceder e consumir cada vez mais, sem restrições! Vivemos um paradoxo social, que ousamos nomear como uma espécie de "esquizofrenia social", apontado por diversos filósofos e sociólogos, onde somos bombardeados pela mídia e incentivados a comer cada vez mais em uma sociedade obesogênica e ao mesmo tempo lipofóbica. Essa mesma sociedade demonstra uma aversão à gordura e, mais especificamente, à obesidade, que é rejeitada e alvo de preconceito. A obesidade é frequentemente vista como um defeito a ser evitado, mas o que muitas vezes é esquecido é que se trata de uma doença que deve ser abordada e tratada com uma perspectiva patológica, levando em consideração critérios médicos e não morais. É importante ressaltar que o estigma em relação aos obesos e àqueles que estão acima do peso é ampliado devido ao preconceito encontrado até mesmo entre os profissionais de saúde, que muitas vezes não estão preparados para lidar de forma adequada com a questão da obesidade. Faz-se necessária uma maior conscientização dos profissionais de saúde que devem acolher e respeitar estes sujeitos que precisam de ajuda para encontrar dignas saídas para seus problemas.

Trazendo o foco para a compulsão alimentar e os transtornos alimentares derivados dela, percebemos que a obesidade, que é regida pela dinâmica do "tudo ou nada", assim como todos os transtornos alimentares, está na origem das distorções da imagem corporal. Nos tempos atuais, em que os limites corporais são frequentemente questionados, novos transtornos alimentares, como a vigorexia, estão surgindo, dentre outros mencionados a seguir. Cabe enfatizar que todos esses transtornos alimentares mencionados abaixo estão também ancorados na lipofobia e na ditadura da magreza.

A vigorexia é caracterizada por uma obsessão pela prática excessiva de atividades físicas e uma busca constante por ultrapassar os limites da força física, o que necessariamente prejudica a saúde do sujeito. Indivíduos com vigorexia tendem a controlar rigidamente a dieta e a rotina de exercícios para desenvolver músculos, mesmo com todos os perigos relativos a esse tipo de excesso. Essa condição frequentemente está acompanhada de distorção da imagem corporal e reflete um mal-estar mais amplo presente em todos os tipos de transtornos alimentares. A "vigorexia" é considerada um subtipo de transtorno dismórfico corporal (TDC), no qual a pessoa se preocupa excessivamente com supostos defeitos em seu corpo. Embora a vigorexia e outros transtornos, como a ortorexia e a farmarexia, não estejam especificados no DSM-5, podem ser analisados por profissionais de saúde mental dentro do contexto dos transtornos alimentares, conforme as características clínicas apresentadas pelo indivíduo.

Da mesma forma, assistimos ao nascimento da ortorexia, que é um transtorno alimentar que se caracteriza por uma obsessão extrema pela alimentação saudável. Esse comportamento pode surgir como um desdobramento de outros distúrbios, como, por exemplo, a anorexia. Embora uma dieta saudável seja importante para a saúde, o excesso pode ser, nesse caso, tão prejudicial que ela já se inscreve como nova categoria nosográfica reconhecida por agências internacionais. É importante lembrar que a busca pela alimentação saudável deve ser equilibrada e não se tornar uma obsessão que prejudica a qualidade de vida, mas sobretudo as relações sociais, promovendo grande isolamento daqueles sujeitos que buscam ter controle sobre todo o processo produtivo daquilo que ingerem. Apresenta um caráter paranoico, junto a uma noção estranha de pureza e perfeição.

Além das já citadas, existem outras disfunções que combinam diferentes transtornos alimentares, como a diabulimia, que ocorre em diabéticos que adotam comportamentos bulímicos para eliminar excessos de glicose e/ou gordura, e a drunkorexia, que envolve a troca da comida pela bebida, mantendo a estrutura psíquica da anorexia. E, recentemente, surgiu a farmarexia, que consiste no uso de fármacos originalmente fabricados para outras doenças, comumente para diabetes tipo 2, que possuem como efeito adjuvante a perda de peso e estão sendo usados por pessoas que não apresentam excesso de peso nem diabetes tipo 2, motivados por um medo compulsivo de engordar, uma lipofobia inconsciente.

De qualquer modo, é importante buscar ajuda profissional caso se perceba um padrão alimentar disfuncional que afete a saúde e a qualidade de vida. Em todos esses distúrbios a compulsão está presente indicando o funcionamento alimentar de acordo com a dinâmica do "tudo ou nada". O excesso sempre presente apontando na direção da dificuldade com o limite na atualidade.

Buscando conexão com a origem da compulsão descobrimos que a etimologia da palavra "dependência" remonta à ideia de escravidão. Em sua raiz latina, "adictos" eram devedores que, incapazes de quitar suas dívidas, se tornavam escravizados de seus credores – escravizados por dívida, confirmando a afirmação de Fontes (2010, p. 58) de que "A compulsão de fato aprisiona, escraviza".

Desde o final do século XX até hoje, a perversidade da nossa economia impôs uma das formas mais comuns de tentar preencher o vazio interior, o consumo, demonstrando que as escolhas atuais estão baseadas na crença de que somos produtos do processo produtivo e, ao contrário do processo produtivo, o consumo é uma atividade completamente individual. Ele coloca os indivíduos em campos opostos. Como afirmou Jurandir Freire Costa, em palestra no Círculo Psicanalítico do Rio de Janeiro, em março de 2008, somos classificados não mais como cidadãos, mas como consumidores ou não consumidores, reduzindo o sujeito ao seu poder de aquisição. A sedução do mercado é, ao mesmo tempo, o grande nivelador e o grande divisor entre aqueles que têm e os que não têm poder de consumo, que se traduz, em última instância, entre quem tem e quem não tem poder político, econômico e/ou social. Vivemos a era do "ter" sobre o "ser", na qual impera a aparência, legitimando a nossa sociedade como uma "sociedade do espetáculo dos corpos *aparentemente* perfeitos".

## 3.4 CONSIDERAÇÕES FINAIS

A clínica psicanalítica, funcionando como espelho da cultura, atualmente reflete a imagem de uma verdadeira *fetichização do corpo,* que revela uma preocupação excessiva não apenas com o seu funcionamento, mas sobretudo com a sua forma. É assim que, cada vez mais, ocupa lugar de destaque na cena pós-moderna a obsessão pela magreza, a compulsão para fazer exercícios físicos e as excessivas e múltiplas intervenções cirúrgicas de modelagem do corpo que aparecem hoje, em nossa clínica cotidiana, ao lado das mais diversas descompensações somáticas.

Como já dito anteriormente, a compulsão à repetição é uma tentativa de preencher um vazio emocional, muitas vezes causado por traumas infantis, como a falta de proteção e segurança emocional por parte da mãe. Essa compulsão pode se manifestar em transtornos alimentares, onde a conexão com a comida pode ser vista como uma forma de lidar com o mal-estar e a falta de sentido na vida. Como dissemos acima, Winnicott (1978) afirma no livro **Da Pediatria à Psicanálise** que os distúrbios do apetite demonstram uma continuidade clínica da infância à fase adulta. Para ele, em todos os tipos de doença o comer está implicado, e o apetite está sempre vinculado à defesa contra a ansiedade e a depressão. Ele destaca que, com frequência significativa, as questões relacionadas ao apetite surgem na prática pediátrica, levando-o a acreditar que as doenças estão estreitamente relacionadas a problemas alimentares. Quando não há doença física e há queixa é porque as crianças estariam "doentes em seus sentimentos", significativa expressão utilizada por Winnicott, evidenciando que a atitude em relação à comida é uma atitude direcionada a uma única pessoa, a mãe. Deixando claro mais uma vez que a história de uma doença pode ter seu início nos primeiros anos de vida ou mesmo nas primeiras semanas.

Os sintomas contemporâneos apontam para a emergência de novas formas de submissão do corpo, com todas as suas formas de compulsão. Esses sintomas psicopatológicos podem ser interpretados tanto positiva quanto negativamente, mas evidenciam a submissão total do corpo. Vale lembrar que onde tem excesso tem problema. A variedade de quadros de somatização também é um indicativo dessa submissão, que se manifesta de diferentes maneiras. Os sintomas negativos da sociedade pós-moderna são representados por compulsões que mostram uma falta de controle sobre os impulsos, o que leva aos transtornos alimentares. Podemos argumentar que a mídia é responsável por capturar os desejos do sujeito, imputando objetos que os satisfaçam, confirmando a ideia de que ela é o algoz invisível da sociedade atual, e que está por trás dessa sede de consumo exacerbado que a sociedade neoliberal nos impõe.

A psicanálise pode ajudar o paciente a elaborar e compreender essas questões, estando facilitada pela transferência e pela análise dos fenômenos relacionados à compulsão à repetição. Em resumo, a psicossomática e a compulsão à repetição estão relacionadas porque as questões emocionais não resolvidas podem se manifestar em problemas psicossomáticos, incluindo transtornos alimentares. A compulsão à repetição pode ser uma tentativa de lidar com esses problemas emocionais não resolvidos.

A busca do prazer instantâneo e descartável é constantemente promovida pela publicidade, que a tecnologia amplamente difundida coloca ao alcance até dos menos privilegiados, produzindo sentimentos de frustração e menos valia nas pessoas impedidas de consumir em uma cultura em que o valor do Eu é reduzido à aparência. O desejo de brilhar em uma "sociedade do espetáculo" faz com que a aparência e o consumismo busquem anestesiar carências mais primárias. É importante articular o psíquico com o social. Hoje, o social tem dificuldades para a inscrição no simbólico, uma vez que é o simbólico que dá concretude ao "não", repensando o pai real, essa figura que presentifica o "não".

Nos últimos 30 anos, a taxa de obesidade infantil aumentou três vezes mais do que a dos adultos – um dado alarmante. Dados do Sistema de Vigilância Alimentar e Nutricional (SISVAN) e do Programa Nacional de Alimentação Escolar (PNAE), publicados em reportagem da **Folha de S. Paulo**, em maio de 2023, apontam que o número de crianças abaixo do peso considerado normal e com sobrepeso ou obesidade subiu entre 2018 e 2022. É urgente a construção de políticas públicas de acesso à alimentação saudável e adequada para as crianças, os adolescentes e suas famílias. É nosso dever atuar na prevenção dessa doença e conter a pandemia de obesidade. Como profissionais de saúde, precisamos entender o contexto em que vivemos e fazer um esforço para identificar as diferentes formas de compulsão presentes em nossos pacientes, a fim de compreender o nível de mal-estar e a necessidade de tratamento mais intenso, incluindo sessões mais frequentes e acompanhamento mais próximo.

Diante do cenário preocupante da epidemia de transtornos alimentares e, em especial, da obesidade infantil, surge a necessidade urgente de reabilitar a educação, tanto aquela oferecida pelos pais quanto pelos professores. É preciso reconhecer a escola como um dos alicerces em que as crianças constroem seu aprendizado, e, portanto, é fundamental que ela explore recursos lúdicos para ensinar boas noções de nutrição e valorização de uma alimentação saudável. É de extrema importância incentivar crianças e adolescentes a optarem por alimentos que exijam descascar em vez de simplesmente desembrulhar. Para sua viabilização, é imprescindível que as noções de cidadania e direitos jurídicos sejam introduzidas no ensino fundamental e no ensino médio, para que eles aprendam a exigir condições adequadas para se alimentar.

O argumento apresentado neste texto propõe ser a base do estudo sobre prevenção da obesidade infantil, para combate mais eficaz da pandemia de obesidade. Nesse sentido, o profissional da área de saúde mental deve assumir um papel importante na clínica individual, promovendo um trabalho conjunto de conscientização e prevenção, para que possamos construir uma sociedade mais saudável e equilibrada.

Para ser sujeito, cada um precisa ser reconhecido pela sociedade; então, para refazer o laço social, há uma necessidade ou exigência de que todos estejam dentro da lei, uma vez que a impossibilidade abre para o que é possível. O simbólico precisa ser construído, ou seja, precisa ser feito e refeito no imaginário pela educação. Por isso, é preciso que o adulto transmita a impossibilidade do gozo. Como as garantias para a realização de nossos projetos eram a família, o trabalho, a religião e a política, e esses valores não ocupam mais o lugar valorizado que tinham no passado, encontramos dificuldade de realizar o que planejamos. Hoje os vínculos são mais plurais, mais instáveis, mais precários na "cultura das sensações", abrindo espaço para a instalação dos Distúrbios da Imagem Corporal, revelando grande pobreza afetiva. A promessa de felicidade pelas sensações é falsa. A cultura das sensações remete ao culto do corpo, que é imediatista. Para fazer e questionar essa cultura, a única solução é fortalecer o vínculo mais seguro, que é o de pais e filhos, fortalecendo os vínculos educacionais entre pais e filhos e entre professores e alunos.

Podemos ajudar nossos pacientes a se implicarem nos processos de transformações que podem trazer mais bem-estar psíquico. A poetisa Ana Cristina César afirmava que "angústia é fala entupida", assim, romper o silêncio é também ajudar a diminuir a angústia, ou pelo menos ajudar a construir algo que preencha emocional e positivamente esse vazio interno que o sujeito começa a esboçar nas demonstrações de confiança no seu psicanalista, ajudando a esvaziar a angústia que leva à compulsão. A compulsão se apresenta como uma das principais adversidades na era pós-moderna, pois onde tem excesso tem problema, explicando as tendências de o sujeito pós-moderno lançar-se nessa busca para além do prazer, para o excesso, impulsionando-o para um gozo mortífero.

A demanda apresentada na clínica contemporânea nos confronta com uma ampla diversidade de queixas que estão diretamente relacionadas ao corpo. Independentemente de percebermos ou não, deparamo-nos com pacientes que sofrem de doenças orgânicas, além de serem "tipicamente" neuróticos. Alguns desses casos são até mesmo considerados doenças "psicossomáticas", como hipertensão arterial, artrite, úlceras gástricas e alergias. A evolução das pesquisas psicanalíticas expandiu o campo teórico clínico, incluindo não apenas as neuroses de transferência, mas também as psicoses, as perversões, os casos-limite, as toxicomanias, outras formas de dependência como os transtornos alimentares e outros quadros de somatização. Diante desse panorama, é evidente que a influência do corpo nas respostas aos conflitos internos é um fenômeno comum na psicopatologia do corpo na vida cotidiana.

## REFERÊNCIAS

CARDOSO, M. R.; GARCIA, C. A. **Entre o Eu e o Outro** – espaços fronteiriços, Curitiba: Editora Juruá, 2010.

COSTA, J. Palestra ministrada no Círculo Psicanalítico do Rio de Janeiro – CPRJ, em evento intitulado "A Fratria", 2008.

FERNANDES, M. H. **Corpo**. São Paulo: Casa do Psicólogo, 2003.

FERNANDES, M. H. **Transtornos alimentares** – anorexia e bulimia – Clínica Psicanalítica, São Paulo: Casa do Psicólogo, 2006.

FONTES, I. **Psicanálise do Sensível** – fundamentos e clínica. São Paulo: Editora Ideias e Letras, 2010.

FREUD, S. **Além do princípio do prazer**. Edição Standard Brasileira das Obras Psicológicas Completas de Sigmund Freud. Vol. 18. Rio de Janeiro: Imago, 1985.

FREUD, S. **Inibição, sintoma e angústia**. Edição Standard Brasileira das Obras Psicológicas Completas de Sigmund Freud. Rio de Janeiro: Imago, 1976. v. 20.

FREUD, S. O Ego e o Id. Edição Standard Brasileira das Obras Psicológicas Completas de Sigmund Freud. Rio de Janeiro: Imago. 1996, v. 19.

FREUD, S. **O futuro de uma ilusão**. Edição Standard Brasileira das Obras Psicológicas Completas de Sigmund Freud. Rio de Janeiro: Imago, 1974. v. 21.

KEHL, M. R. **Ressentimento**. São Paulo: Editora Casa do Psicólogo, 2007.

LACAN, J. **O Seminário, livro 4:** a relação de objeto (1956-1957). Rio de Janeiro: Jorge Zahar, 1995.

LAPLANCHE, J.; PONTALIS, J.-B. **Vocabulário de Psicanálise**. São Paulo: Editora Martins Fontes, 2001.

LEBRUN, J.-P. **A perversão comum viver juntos sem o outro**. Rio de Janeiro: Campo Matêmico, Editora Companhia de Freud, 2008.

RECALCATI, M. O demasiado cheio do corpo. Por uma clínica psicanalítica da obesidade. **Revista Latusa**, 1999.

SÁ FREIRE, D. de; VIEIRA, L. **Guia do Gordo e do Magro** – Aprenda a conviver com a balança. Rio de Janeiro: Editora Campus Elsevier, 2007.

SÁ FREIRE, D. Com açúcar sem afeto. *In:* DEL PRIORE, M.; AMANTINO, M. (Orgs.). **História do Corpo no Brasil**. São Paulo: Editora Unesp, 2011.

WINNICOTT, D. **Da Pediatria à Psicanálise**. Rio de Janeiro: Francisco Alves, 1978.

# 4 TECNOCORPOS, DATIFICAÇÃO E CIBORGUES: SOBRE O SÉCULO XXI E A IDEAÇÃO PSICOSSOMÁTICA

*Vanuza Monteiro Campos Postigo*
*Regina Glória Nunes Andrade*

Todos esses momentos ficarão perdidos no tempo, como lágrimas na chuva.

Hora de morrer.

*(Roy, no filme Blade Runner, 1982)*

## 4.1 O CORPO DA MODERNIDADE: A ASCENSÃO DA MEDICINA E O CORPO DA CIÊNCIA

Em seus estudos sobre medicina, psicologia e psicanálise, Michel Foucault (1926-1984) apresentou o nascimento da clínica e a ascensão das disciplinas e das ciências no século XIX, marcando a passagem do poder disciplinar para o biopoder. Em sua vasta obra, o filósofo explorou – da passagem da religião para a ciência médica – como o corpo teve papel central como lugar de práticas e de discursos que o recobriram.

O protagonismo do corpo como objeto de estudo da ciência ocorreu a partir de sua dessacralização operada por meio das pesquisas anatômicas e práticas, como a dissecação dos cadáveres, que inventariaram e mapearam o novo corpo da ciência. Conforme afirma o sociólogo Tacussel (2016, p. 42):

A modernidade só precisava destruir um último ferrolho: a fechadura ainda bloqueada pela estrutura teocrática do poder político. A dissecação dos cadáveres abria uma via a outras explicações mais perigosas para a ordem estabelecida, e que a Igreja, justamente, havia pressentido.

Com a remoção do ferrolho da sacralização do corpo e da subjetividade, observamos nos séculos que se seguiram a ascensão de um corpo e de uma subjetividade atravessadas pelos saberes e disciplinas que cientificizaram o corpo. Esse é o corpo da medicina moderna – aquele que ganha a cena de forma onipresente na subjetividade moderna e pós-moderna.

É sobre esse corpo que Philippe Pinel (1745-1826), Jean-Martin Charcot (1825-1893), Theodor Meynert (1833-1892), Hippolyte Bernheim (1840- 1919) e outros médicos pioneiros traçaram uma cartografia psicofísica dos fenômenos que se apresentavam na clínica, ensejando novas pesquisas como a de Sigmund Freud (1856-1939) e a criação da psicanálise. É nesse berço do qual advêm a psicologia, a psicanálise e os clínicos que se dedicaram à Psicossomática, com o corpo anatômico e o corpo erógeno sendo mapeados e ressignificados em novas narrativas, práticas e discursos.

Concomitante ao movimento médico encontramos a psicologia científica por meio dos laboratórios de psicologia experimental e comportamental de Gustav Fechner (1801-1887), Wilhelm Wundt (1832-1920), Edward Titchener (1867-1927), James McKeen *Cattell* (1860-1944), Stanley Hall (1846-1924), Emil Kraepelin (1856-1926), bem como correntes psicológicas que se direcionavam para os estudos dos fenômenos psicológicos e da subjetividade, como Franz Brentano (1838-19170), Max Wertheimer (1880-1946), Kurt Koffka (1886-1941) e Wolfgang Köhler (1887-1967).

Em seu estudo genealógico, Foucault (2008) localizou a reorganização da leitura sobre a doença, assim como a reconfiguração do pensamento médico com a ascensão e primazia da atividade clínica, com uma Medicina baseada em evidências.

O filósofo acompanhou o início da era moderna da medicina, na qual se preconiza que "[...] a prática deve ter como base o exercício do olhar. A atitude do médico foi se cristalizando até chegar ao papel social de um observador neutro, com a atenção voltada para a doença e os seus múltiplos disfarces" (Cruz *et al.*, 2013, p. 32).

Conforme desenvolveu Foucault em **O nascimento da clínica** ([1963] 2008), as ciências biomédicas são um construto histórico. Nesse livro, o autor faz um estudo arqueológico sobre o saber médico ocidental e localiza ao longo do século XIX, os eventos determinantes para a Medicina e a clínica médica contemporânea – da medicina clássica à moderna.

Sobre esses eventos, a partir da leitura de Foucault sobre o nascimento da clínica, o pesquisador Berlinck (2008, p. 191) explica que a doença passa a habitar o espaço do corpo:

> [...] a consolidação da anatomia permitiu que a medicina passasse a ser regida pelo par conceitual normal-patológico determinado pela lesão de órgão [...]. Ela não provém mais de fora, pois doravante deve ser buscada em seu interior tomando irritações e inflamações como modelo.

Partindo da compreensão do biopoder da biopolítica e dos discursos sobre o corpo como construto histórico, vamos explorar como essa "espessura" vem se "encorpando" com a biotecnologia, com o advento dos corpos ciborgues e com a datificação do corpo no contemporâneo. Aberto o ferrolho da sacralização, a partir da profanação desse corpo, deparamo-nos com o corpo ficção e maquinímico da pós-modernidade.

## 4.2 O CORPO DA PÓS-MODERNIDADE E SUAS VICISSITUDES: TECNOFILIA, TECNOCORPOS E CIBORGUES

Segundo Bernuzzi de Sant'Anna (2015, p. 238), após os movimentos culturais da década de 1960, o corpo foi "redescoberto" em âmbitos diversos de nossa cultura "na arte e na política, na ciência e na mídia, provocando um verdadeiro 'corporeísmo' nas sociedades ocidentais". Destacamos aqui como esse corporeísmo se difundiu na cultura, em uma exaltação e culto transindividual ao corpo, como ensejou a evidenciação do corpo da ciência a serviço do biopoder e do corpo do neoliberalismo a serviço da economia (Safatle, 2021; Dunker, 2021).

O corpo humano vem interagindo com a tecnologia há alguns séculos, mas, nas últimas décadas, as evoluções tecnocientíficas vêm afetando e transformando não somente o seu funcionamento como também o modo de o sujeito contemporâneo habitar seu corpo.

O corpo da cultura ocidental do século XXI é um tecnocorpo ou um corpo ciborgue, composto de retinas artificiais, marcapassos, implantes e próteses diversas, *chips* subcutâneos com informações médicas sobre o usuário, cirurgias de redesignação de sexo e com várias outras inovações científicas. Os tecnocorpos se conectam em um sistema de informação global, rompendo a separação binária simplista que contrapunha o corpo *versus* a máquina.

O ciborgue é um corpo híbrido que dissolve a dicotomia da "distinção hierárquica entre homens e animais, a que distingue homens e máquinas e a que determina os limites entre as relações físicas e não-físicas" (Silva et al., 2019, p. 27).

Nesse contexto da tecnologização da existência, vale pontuar que, para além da utilização da tecnologia como um recurso ou incremento, observamos uma adesão acrítica à tecnologia que caracteriza a tecnofilia contemporânea. Autores diversos estudam criticamente a artificialização, a comercialização, a instrumentalização, a tecnificação do corpo, e vamos aqui eleger as pesquisas de Donna Haraway (2000) para nosso estudo.

Donna Haraway é uma socióloga ciberfeminista que vem há décadas estudando criticamente variadas temáticas como gênero, tecnocorporalidade e subjetivações, mas vamos aqui recortar para nossa pesquisa sua proposta sobre a afetação da biotecnologia no corpo humano. O ensaio mais conhecido de Haraway propõe o mito do ciborgue – figura contemporânea que simboliza a quebra das dicotomias entre humano e animal, entre organismo e máquina e entre o físico e o não físico.

A autora explica que o ciborgue é um organismo cibernético (híbrido de máquina e organismo) simultaneamente criatura de realidade social e de ficção, é um "tipo de eu – pessoal e coletivo – pós-moderno, um eu desmontado e remontado" (Haraway, 2000, p. 63-64). Haraway (2000, p. 37) prossegue afirmando que:

> [...] neste nosso tempo, um tempo mítico, somos todos quimeras, híbridos – teóricos e fabricados – de máquina e organismo; somos, em suma, ciborgues. O ciborgue é nossa ontologia; ele determina nossa política. O ciborgue é uma imagem condensada tanto da imaginação quanto da realidade material: esses dois centros, conjugados, estruturam qualquer possibilidade de transformação histórica.

O ciborguismo de Donna Haraway aprofunda as discussões de Michel Foucault, pois a autora apresenta a figura do ciborgue como figura que resiste ao controle tecnobiopolítico. E exemplifica que a

> [...] medicina moderna também está cheia de ciborgues [...] cada qual concebido como um dispositivo codificado, em uma intimidade e com um poder que nunca, antes, existiu na história da sexualidade (Haraway, 2000, p. 36).

Conforme explicam Volkart e Butturi Jr. (2020, p. 336), o ciborguismo de Haraway é um adensamento da biopolítica de Foucault, visto que o hibridismo do ciborgue comporta as "implicações entre a vida, a tecnologia e a política".

Estamos aqui explorando como o corpo é atravessado pelo simbólico e pelas construções sociais feitas pela sociedade, ou seja, isto significa que o corpo vai assumir uma especificidade em cada cultura, bem como a criação dos cânones sobre este corpo que variam de cultura para cultura, sofrendo variações conforme o tempo histórico ou a geografia na qual está inserido.

Cada sociedade vai construir seus parâmetros e cânones advindos da representação que cada cultura faz sobre este corpo, e estamos destacando como as construções dos cânones atuais são atravessadas pela biotecnologia, pelas tecnologias da informação sobre o corpo e pela datificação dos tecnocorpos.

Nessa seção, trouxemos Donna Haraway e sua apresentação do ciborgue pela sua continuidade crítica e histórica do pensamento de Michel Foucault e suas compreensões dos agenciamentos tecnopolíticos sobre a narrativa, as práticas e os discursos sobre o corpo para avançarmos em nossa discussão sobre esse corpo-operatório-ciborgue e o sofrimento psicossomático contemporâneo. Mas, antes de adentrarmos à questão da psicossomática, precisamos pontuar mais um fenômeno típico da pós-modernidade que vem nesse bojo: a datificação do corpo e a cultura da *performance*.

## 4.3 DATIFICAÇÃO, CULTURA DA PERFORMANCE, OTIMIZAÇÃO DO CANSAÇO: A IDEAÇÃO PSICOSSOMÁTICA E O CONTEMPORÂNEO

A datificação se refere ao *big data*, matéria-prima da sociedade da informação e do capitalismo de vigilância. O nome *big data* (megadados/macrodados) já anuncia que o grande (*big*) volume de informações (*data*) corresponde ao conjunto de elementos acumulados nos bancos de dados de servidores, governos e empresas.

Na sociedade da informação e da tecnologia, o volume de dados é analisado e utilizado pelo *big data*. Por exemplo, podemos observar como um governo obtém dados de sua população e os acumula em sistemas obrigatórios, como o imposto de renda. Essas informações são utilizadas de maneiras diversas. No âmbito privado, uma empresa como a Metaverso (Facebook, Instagram, WhatsApp) detém informações sobre bilhões de pessoas que, voluntariamente, se inscrevem nas plataformas e fornecem seus dados e suas interações na plataforma da rede social.

Essa datificação das informações sobre o sujeito perpassa o seu corpo também, visto que o corpo maquinímico é também o corpo cartografado, mensurado, analisado e atravessado pelas informações da sociedade hipervigilante do *big data* da tecnologia:

> A vida não é digital, mas a sua expressão tem sido: corpos, alimentos, fenômenos climáticos, políticos e sociais e tendências econômicas ou epidemiológicas são representadas por dígitos que quantificam, classificam, ordenam, intencionam e transformam a nós e as nossas relações com outras criaturas, artefatos e ambientes (Segata; Rifiotis, 2021, p. 186).

Os dispositivos tecnológicos participam dessa quantificação e controle de dados por meio de aparelhos smart (inteligentes): televisões, celulares, geladeiras, relógios, e outros objetos com essa tecnologia que o pesquisador Lemos (2021a) denomina infocomunicacionais. Esses dispositivos mantêm uma relação de agenciamento com os dados e algoritmos que operam neles.

Podemos dizer que o corpo contemporâneo vai se tornando também *smart*, visto que:

> SMART não é um adjetivo, mas uma experiência emergente em processos computacionais que pode ser aplicado a todas as instâncias em que o adjetivo smart aparece, freando assim a correlação imediata entre o substantivo e uma nova "inteligência" necessariamente emancipadora. Ele é uma experiência a partir do entrelaçamento da dimensão em questão (o corpo, a cidade, os objetos, a política...) com as tecnologias de análise e monitoramento de dados (Lemos, 2021a, p. 22).

A biotecnologia e os corpos ciberborgues ensejam uma relação com um corpo que precede e transcende o sujeito, desde um exame de DNA que analisa potenciais quadros clínicos até a implantação de um *chip* com dados que interagem com redes maquinímicas diversas. E por meio da mediação das informações e das trocas realizadas pela internet, eventos, objetos, pessoas tornam-se mensuráveis e cognoscíveis (Zuboff, 2018). O tecnocorpo ciborgue é um espaço privilegiado dessa informação datificada. O corpo ciborgue, visto sob a égide de uma perspectiva pós-humana, segundo Santaella (2007, p. 130):

> [...] representa a construção do corpo como parte de um circuito integrado de informação e matéria que inclui componentes humanos e não-humanos, tanto chips de silício quanto tecidos orgânicos, bits de informação e bits de carne e osso.

A economia tem no *big data* sua principal matéria-prima: toda informação coletada pelos dispositivos de controle e vigilância. O indivíduo hodierno incorporou cotidianamente os dispositivos tecnológicos que transmitem e recebem informações voluntária e incessantemente, armazenando os dados nos *smartphones*, ta-

*blets, notebooks,* assistentes virtuais (como a *Alexa*), câmeras de vigilância etc.

Nessa lógica de funcionamento, os indivíduos contemporâneos se transformam em dados e informações quantificados e mensurados, fomentando um processo de datificação de seu corpo e sua subjetividade.

Conforme explica Lemos (2021a, p. 194):

> [...] é um processo de tradução da vida em dados digitais rastreáveis, quantificáveis, analisáveis, performativos [...]. A datificação possibilita a conversão de toda e qualquer ação em dados digitais rastreáveis, produzindo diagnósticos e inferências nos mais diversos domínios.

Traduzindo em exemplos, um aplicativo em um *smartwatch* (relógio inteligente) pode monitorar o sono, a frequência cardíaca (como um eletroencefalograma), a *performance* física de um indivíduo em suas atividades etc. Todas essas informações são convertidas em dados: como a quantidade de batimentos cardíacos, nível da pressão arterial, perda calórica, índice glicêmico etc.

Um exemplo de datificação de emoções é a coleta de dados dos usuários realizada pela rede social Facebook. A plataforma não apenas registra os dados objetivos que o indivíduo fornece, mas também monitora cada interação do botão curtir e compartilhar, bem como que matérias ou anúncios o usuário acessa (Higa, 2018).

O aplicativo de *mainstream* Netflix, por meio do qual o indivíduo assiste à sua programação em seus dispositivos inteligentes, seleciona o tipo de oferta de filmes e séries de acordo com suas escolhas pregressas, cuja informação foi datificada. Assim, datifica-se não somente o funcionamento físico do indivíduo hodierno como também seus gostos, suas emoções, seus desejos etc.

Esses aspectos que destacamos para debate em nosso estudo – a saber, o corpo ciborgue que mencionamos anteriormente, e a datificação do corpo que introduzimos brevemente agora – são correlatos a uma cultura do desempenho e a um processo de ideação psicossomática. O sociólogo Alain Ehrenberg (2010), em **O culto da performance**, expõe como a cultura individualista pós-moderna forja um indivíduo que se torna o empreendedor solitário de sua própria vida, sendo sua identidade individual é responsável pelo seu sucesso e creditada a sua ação pessoal.

Anteriormente, na Modernidade, o sujeito fazia parte de um contexto coletivo e social, no qual ele se submetia a costumes, tradições, família, religião e sendo parte/resultado de um coletivo. Contudo, hodiernamente, segundo Ehrenberg (2010), ao invés do modelo tradicional, o indivíduo se orienta e se inspira solitariamente na empresa e no esporte como modelos. Isso forjaria o culto à *performance* e uma cultura a ela associada, uma vez que o indivíduo teria de performar para competir e superar a si mesmo continuamente para alcançar seu projeto.

Ehrenberg aponta como consequência a depressão e a ansiedade que surgem como resposta a essa pressão e exigência por desempenho, explorando esse aspecto do cansaço em outro ensaio, **La fadigue d'être soi:** depression et société (1998). Nesse texto, ele descreve o do sujeito cansado de si mesmo, do peso de sua soberania e liberdade, cansado de incomensuráveis obrigações internas de disciplina e autonomia.

O autor é endossado e revisado pelo filósofo Byung-Chul Han (2015), que discute como na sociedade do cansaço existe um modo operatório do capitalismo focado no desempenho, forjando sujeitos sofrentes pelo excesso de positividade e estímulos, hiperativos, com *déficit* de atenção ou colapsados pelo esgotamento. É esse sujeito contemporâneo datificado e performático que queremos cotejar com a ideação e o sofrimento psicossomático.

## 4.4 A PSICOSSOMÁTICA PSICANALÍTICA À ESCUTA DO CORPO: ALGUMAS CONTRIBUIÇÕES DE PIERRE MARTY

Sigmund Freud (1856-1939) e a psicanálise desvendaram não somente o funcionamento inconsciente do sujeito, mas o corpo atravessado pelo desejo e pela subjetividade, o corpo erógeno. Essa abordagem expandiu a dimensão biológica e somática deste corpo para a dimensão psicológica e emocional. Em sua clínica de três anos no Hospital Geral de Viena, o jovem Freud percorreu várias especialidades médicas, explorando o corpo humano na cirurgia, na dermatologia, na oftalmologia e outras doenças internas (Marcos; Oliveira Junior, 2011). Desta maneira, quando começou a sua clínica pré-psicanalítica, Freud estava atento a um corpo que transcendia o físico e tomava a cena psíquica de seus pacientes. Aí se anunciava o campo da psicossomática.

A psicossomática abrange um amplo campo e vamos aqui selecionar o pensamento de Pierre Marty (1918-1993), e sua Psicossomática psicanalítica da Escola Psicossomática de Paris, para o recorte de nossa discussão. Autores pioneiros da Escola de Paris, como Pierre Marty, Michel de M'Uzan (1921) e Michel Fain (1917-2007), publicaram os primeiros artigos dedicados à psicanálise e à medicina Psicossomática, investigando a existência de uma determinada organização subjetiva que vulnerabilizaria sujeitos a sintomas ou doenças psicossomáticas e, em comum:

> [...] por razões de natureza circunstancial ou estrutural, o aparelho psíquico dos pacientes analisados não teria capacidade suficiente para manejar os fluxos de excitação que a ele convergem. Assim, o corpo funcionaria como uma espécie de "válvula de escape" dessa quantidade de excitação que não pôde ser elaborada, ocasionando o surgimento da doença (Santos; Peixoto Junior, 2019, p. 4).

Ainda nos anos 1950, Pierre Marty já explorava como os fatores psicológicos estavam associados ao surgimento de determinadas doenças somáticas, expressas no corpo em particular. Peres, Caropreso e Mello (2019) fazem uma genealogia da obra do autor e localizam que em **Aspect psychodynamique de l'étude clinique de quelques cas de céphalalgies** (1951) já afirmava que as cefalalgias podiam decorrer de:

> [...] um transbordamento passageiro do aparelho mental associado a uma espécie de bloqueio do pensamento face à ameaça de uma transgressão edipiana. Nessas condições, poder-se-ia depreender a indisponibilidade de um sistema de defesas tipicamente neurótico e o consequente recurso a um mecanismo de natureza somática (1951, p. 2).

Mais de uma década depois, Pierre Marty – junto a Michel de M'Uzan – apresentou no XXIII Congresso de Psicanalistas de Línguas Romanas (1962), em Barcelona, uma comunicação que foi posteriormente publicada na **Revue Française de Psychanalyse** (1963), na qual propunham que alguns pacientes que sofriam de doenças somáticas se caracterizariam pela ausência de atividade fantasmática e pela presença de um pensamento operatório – expressão substituída posteriormente por vida operatória visto que, para além da atividade mental, o fenômeno se estendia, também, ao comportamento do sujeito somático (Marty, 1993).

Peres (2006, p. 168-169) destaca a visada de Marty e M'Uzan e afirma que nos pacientes psicossomáticos haveria uma forte propensão à ação em detrimento da simbolização:

> Condutas pouco elaboradas do ponto de vista psíquico são então adotadas para minimizar o impacto causado pelas excitações. Isso sugere que o inconsciente não consegue se comunicar mediante o emprego de representações e tende a encontrar no comportamento sua única possibilidade de expressão. Pode-se supor, diante do exposto, que a restrição fantasmática que os caracteriza faz do aparelho sensório--motor uma via privilegiada de exteriorização das demandas pulsionais.

Entre as inovações trazidas pelo pensamento de Pierre Marty no campo da psicossomática, encontramos a mentalização, a depressão essencial e o pensamento operatório, este último o marco e fio condutor de sua obra. A mentalização está ligada à capacidade de metabolização de traumas por meio de símbolos, à simbolização por meio de palavras e representações, e uma redução na capacidade de mentalização levaria a uma redução da capacidade de o sujeito veicular as traduções do inconsciente e evocaria o ato. A baixa capacidade de mentalização levaria também à depressão essencial que:

> [...] é entendida como um processo tributário da insuficiência do funcionamento mental. [...] que se manifestava em associação ao adoecimento orgânico e que se caracterizava pela ausência tanto de objeto, quanto de sintomas clássicos da melancolia, como as autoacusações e a culpa (Santos; Peixoto Junior, 2019, p. 5).

Finalmente, o pensamento operatório relaciona-se à ausência da atividade fantasmática, e um pensamento voltado para a realidade externa e a materialidade dos fatos seria para Marty e M'Uzan (1994, p. 165):

> [...] um pensamento consciente que: 1) manifesta-se sem vínculo orgânico com uma atividade fantasmática de nível apreciável e 2) reproduz e ilustra a ação, por vezes a precede ou sucede, mas dentro de um campo temporal limitado.

Apresentamos no início de nosso texto a questão da cultura e dos constructos sociais, práticas e discursos de cada tempo histórico e seu atravessamento na constituição e nos processos de subjetivação do sujeito. Marcamos aqui a importância e a primazia da cultura no indivíduo, e Marty (1993) argumenta que o adoecimento somático seria decorrente do desencontro do indivíduo e as condições de seu ambiente cultural. Conforme destacam Santos e Peixoto Junior (2019, p. 7):

> O autor reconhece que tal desarmonia está sempre presente em alguma medida, de modo que, desde o início do desenvolvimento, a relação do indivíduo com o ambiente está condicionada a um processo de adaptação. Não obstante, para se adaptar, o indivíduo precisaria lançar mão de recursos específicos.

Santos e Peixoto Junior (2019, p. 7) entendem que, da perspectiva do analista francês Marty, "tais recursos pertencem a três grandes domínios: o aparelho somático, o aparelho mental e os comportamentos (ação)". A partir da problematização sobre o ambiente cultural, vale questionar: qual a afetação de uma cultura que aciona um processo de mecanização, eletrificação, datificação do corpo ciborgue do contemporâneo? De que maneira os dispositivos tecnocientíficos que atuam no corpo biológico operacionalizam um corpo cuja vida se faz operatória no desempenho e na *performance*? E qual a afetação desses elementos descritos nos processos de ideação psicossomática contemporânea?

## 4.5 O SOFRIMENTO DA IDEAÇÃO PSICOSSOMÁTICA E O CIBORGUE

A subjetividade é um produto contingente a uma civilização, e seus dispositivos e o sujeito contemporâneo são forjados e atravessados por uma cultura ciborgue, que exploramos como a tecnociência e a evolução de uma sociedade digitalizada. Essa evolução que vem ensejando a mescla do sujeito humano com o maquinímico, de tal forma que os limites e as fronteiras entre o humano e a tecnologia se (con)fundem.

A esse quadro se acresce a quantificação e a mensuração do funcionamento do tecnocorpo e dos comportamentos humanos, da datificação da existência cotidiana. Gradativamente, o sujeito na cultura vai assimilando a tecnologia em suas práticas de existência, modos de relacionamento, formas de se identificar e de se reconhecer como subjetiva e socialmente.

Tadeu (2000) vai explicar que o ciborgue é uma criatura pós-humana que combina dois processos: a mecanização e a eletrificação do humano e a humanização e a subjetivação da máquina. E descreve esses ciborgues com seus implantes, transplantes, enxertos, próteses, seres geneticamente modificados, repletos de psicofármacos e medicações para otimização de seu funcionamento físico e mental.

No entanto, esse processo é capilarizado em espaços onde a percepção da tecnologia já está assimilada de tal maneira que sequer apresenta estraneidade ao sujeito contemporâneo, como o tênis anatômico que otimiza a corrida, o alimento proteico que acelera um treino esportivo, um celular que acende remotamente a luz de um lugar e outras tecnologias assimiladas aos hábitos e costumes corriqueiros.

Essa capilarização das redes híbridas vai se tornando imperceptível e compondo o tecnocorpo, pois, conforme afirma Kunzru (2000, p. 22): "[...] as realidades da vida moderna implicam uma relação tão íntima entre as pessoas e a tecnologia que não é mais possível dizer onde nós acabamos e onde as máquinas começam".

Como mencionamos anteriormente, segundo Haraway (2000), somos todos ciborgues. Enquanto esse corpo vai se transformando em um ciborgue otimizado e funcional, concomitantemente acompanhamos a transformação social do sujeito de outrora – engajado em coletividades e norteado por valores da modernidade – metamorfosear-se em um sujeito da individualidade e empreendedorismo solitário, constrangido a ser seu próprio projeto e tendo de exibir *performance* e desempenho. Porém, alerta Han (2015), o corpo da *performance* é operatório, responsivo, funcional, um corpo ciborgue-ação que deve desempenhar, mas acaba se revelando um corpo sintoma de uma cultura cansada e exausta de performar.

Ao nosso ver, o sujeito da *performance* assume uma vida operatória, e seu sofrimento psíquico age em uma ideação do corpo, de sua falibilidade e da finitude que adentra a clínica psicanalítica com a queixa de sofrimento psicossomático. Esse sujeito falhou miseravelmente em sua performance operatória: ele está colapsando e apresenta quadros como um *burnout*, ou a falência do simbólico com um quadro como a fibromialgia, que debilita o funcionamento de vários órgãos, ou mesmo trazendo para a cena diagnósticos diversos, e mais recentemente nomeados, como a doença de Crohn.

Esse sujeito incentivado a performar, a operar responsivamente no ambiente tecnológico, imediatista e hiperestimulado, falha na sua capacidade narrativa e fantasmática de significar e simbolizar sobre aquilo que lhe atravessa, desvelando aquele sujeito de quem nos fala a psicossomática de Pierre Marty (1993) com a precariedade da capacidade de mentalização e simbolização. A depressão que Ehrenberg (2010) alude como resposta à *performance* solitária do indivíduo do desempenho se assemelha àquela descrita por Marty como depressão essencial. Estamos no âmbito do corpo ciborgue performático, que é otimizado até a exaustão, exaustão esta que enseja desdobramentos de sofrimentos nesse corpo operatório, levando o sujeito a uma fadiga de si que o adoece psicológica e psicossomaticamente.

O filósofo Latour (2008) argumenta que o corpo é uma interface e sua trajetória na cultura nos permite registrar e visualizar aquilo que compõe as práticas e narrativas sobre o indivíduo e sua existência. Argumentamos aqui como a tecnologia e sua hibridização com o corpo forjam um corpo ciborgue e, como pesquisadores, estamos atentos e sensíveis ao que hoje compõe nosso cotidiano e formas de ocupar o mundo.

> [...] podemos procurar definir o corpo como uma interface que vai ficando mais descritível quando aprende a ser afetado por muitos mais elementos. O corpo é [...] aquilo que deixa uma trajetória dinâmica através da qual aprendemos a registrar e a ser sensíveis àquilo de que é feito o mundo (Latour, 2008, p. 40).

Sensíveis à escuta do sofrimento da ideação psicossomática, compreendemos que o tecnocorpo se oferta como um corpo que enseja a apresentação de sofrimento psicossomático, visto que é orientado pela realidade externa e pela reatividade da materialidade orgânica. Essa psicossomatização é favorecida pela incidência da concretude do pensamento operatório, aludido pelos autores citados, que tipificam os modos de subjetivação da pós-modernidade, bem como pela característica precariedade da fantasmática do sujeito do século XXI. O adoecimento do corpo, como estamos apontando pela via da psicossomática e adoecimento mental, tendo na depressão um dos principais quadros daí decorrentes.

Mas ciborgues podem ser sensíveis? No filme Blade Runner, o ator Rutger Hauer interpreta o replicante Roy, que, ao morrer, em antológica cena, se dirige ao personagem do caçador de androides, Rick Deckard (papel encenado pelo ator Harrison Ford), simbolizando e metaforizando o que é ser humano, e sua última fala é forjada na poesia, evidenciando sua humanidade:

> Eu vi coisas que vocês, humanos, nem iriam acreditar. Naves de ataque pegando fogo na constelação de Órion. Vi Raios-C resplandecendo no escuro perto do Portão de Tannhäuser. Todos esses momentos ficarão perdidos no tempo, como lágrimas na chuva.
>
> Hora de morrer (Blade Runner, 1991).

Se um ciborgue alude às lágrimas na chuva e se deixa atravessar por sua mortalidade e pelo limite da finitude, se um ciborgue reverencia a beleza e a grandeza da vida e é capaz de processos de fantasia, coloca-se aí a primazia do afeto, do amor, da linguagem no funcionamento subjetivo do tecnocorpo – a hibridização do ciborgue comporta e sustenta a prevalência e a primazia da potência do resgate da simbolização e da narrativa fantasmática.

## REFERÊNCIAS

BERLINCK, M. T. O método clínico – 3. **Revista Latinoamericana de Psicopatologia Fundamental**, v. 11, n. 2, p. 191-194, jun. 2008. Disponível em: https://www.scielo.br/j/rlpf/a/G9KSfJy9Nk4HH6CQxVbpyhM/?lang=pt#. Acesso em: 17 jun. 2023.

BERNUZZI DE SANT'ANNA, D. As infinitas descobertas do corpo. **Cadernos Pagu**, n. 14, p. 235-249, 2015. Disponível em: https://periodicos.sbu.unicamp.br/ojs/index.php/cadpagu/article/view/8635354. Acesso em: 17 jun. 2023.

BLADE RUNNER. Direção de Ridley Scott. EUA: **Warner Bros.**, 1982. 1 DVD (117 min), son., color.

CRUZ, C. S. S. *et al.* Do pensamento clínico, segundo Foucault, ao resgate do modelo biopsicossocial: uma análise reflexiva. **Revista da Universidade Vale do Rio Verde**, Três Corações, v. 11, n. 1, p. 30-39, jan./jul. 2013. Disponível em: http://periodicos.unincor.br/index.php/revistaunincor/article/view/974. Acesso em: 17 jun. 2023.

DUNKER, C. A hipótese depressiva. *In:* SAFATLE, V.; SILVA JUNIOR, N.; DUNKER, C. **Neoliberalismo como gestão de sofrimento psíquico**. Belo Horizonte: Autêntica, 2021. p. 180-219.

EHRENBERG, A. **La fatigue d'être soi:** depression et société. Paris: Odile Jacob, 1998.

EHRENBERG, A. **O culto da performance:** da aventura empreendedora à depressão nervosa. Aparecida: Ideias & Letras, 2010.

FOUCAULT, M. **O nascimento da clínica.** Tradução R. Machado. 6. ed. Rio de Janeiro: Forense Universitária, 2008.

HAN, B.-C. **Sociedade do cansaço**. Petrópolis: Vozes, 2015.

HARAWAY, D. Manifesto ciborgue: ciência, tecnologia e feminismo-socialista no final do século XX. *In:* SILVA, T. T. da (Org. e trad.). **Antropologia do ciborgue:** as vertigens do pós-humano. Belo Horizonte: Autêntica, 2000. p. 33118.

HIGA, P. **Quais dados o Facebook coleta sobre você (quando você não está usando o Facebook).** 17 abr. 2018. Disponível em: https://tecnoblog.net/noticias/2018/04/17/facebook-coleta-dados-fora-facebook/. Acesso em: 18 jun. 2023.

KUNZRU, H. "Você é um ciborgue": um encontro com Donna Haraway. *In:* HARAWAY, D.; KUNZRU, H.; TADEU, T. **Antropologia do ciborgue.** Belo Horizonte: Autêntica, 2000. p. 17-32.

LATOUR, B. Como falar do corpo? A dimensão normativa dos estudos sobre a ciência. *In:* NUNES, J. A.; ROQUE, R. (Org.). **Objetos impuros:** experiências em estudos sobre a ciência. Porto: Edições Afrontamento e Autores, n. 1182, p. 39-62, 2008. Disponível em: http://www.bruno-latour.fr/sites/default/files/downloads/77BODY-NORMATIVE-POR.pdf. Acesso em: 18 jun. 2023.

LEMOS, A. Datificação da vida. **Civitas: revista de Ciências Sociais**, v. 21, n. 2, p. 193-202, 2021a. Disponível em: https://revistaseletronicas.pucrs.br/index.php/civitas/article/view/39638. Acesso em: 26 abr. 2023.

LEMOS, A. Prefácio: Datificação do Corpo. *In:* BITENCOURT, E. C. **Smartbodies:** plataformas digitais, tecnologias vestíveis e corpos remodelados. Belo Horizonte: PPGCOM/UFMG, 2021b. v. 1, p. 21-27.

MARCOS, C. M.; OLIVEIRA JUNIOR, E. S. de. Terapêutica e desejo de saber: o jovem Freud e sua formação médica. **Estud. psicanal.**, Belo Horizonte, n. 36, p. 43-54, dez. 2011. Disponível em:https://pepsic.bvsalud.org/pdf/ep/n36/n36a04.pdf. Acesso em: 25 abr. 2023.

MARTY, P. **A psicossomática do adulto.** Porto Alegre: Artes Médicas Sul, 1993.

MARTY, P.; M'UZAN, M. **Teoria Psicossomática:** a psicossomática do adulto. 2. ed. São Paulo: Martins Fontes, 2006.

MARTY, P.; M'UZAN, M. O pensamento operatório. **Revista Brasileira de Psicanálise**, v. 28, n. 1, p. 165-174, 1994. Disponível em: https://

pesquisa.bvsalud.org/portal/resource/pt/psa-126839. Acesso em: 18 jun. 2023.

PERES, R. S. O corpo na psicanálise contemporânea: sobre as concepções psicossomáticas de Pierre Marty e Joyce McDougall. **Psicologia Clínica**, v. 18, n. 1, p. 165-177, 2006. Disponível em: https://doi.org/10.1590/S010356652006000100014. Acesso em: 18 jun. 2023.

PERES, R. S.; CAROPRESO, F. S.; MELLO, D. A. S. da. A noção de "pensamento operatório" de Pierre Marty: marcas distintivas e referências freudianas. **Interação em Psicologia**, v. 23, n. 1, 2019. Disponível em: https://revistas.ufpr.br/psicologia/article/view/55759/38408. Acesso em: 18 jun. 2023.

SAFATLE, V. A economia é a continuação da psicologia por outros meios: sofrimento psíquico e neoliberalismo como economia moral. *In*: SAFATLE, V.; SILVA JUNIOR, N.; DUNKER, C. **Neoliberalismo como gestão de sofrimento psíquico**. Belo Horizonte: Autêntica, 2021. p. 17-46.

SANTAELLA, L. Pós-humano: por quê?. **Revista USP**, n. 74, p. 126-137, 2007. Disponível em: https://www.revistas.usp.br/revusp/article/view/13607. Acesso em: 18 jun. 2023.

SANTOS, L. N. dos; PEIXOTO JUNIOR, C. A. Análise crítica dos pressupostos e fundamentos conceituais da Escola de Psicossomática de Paris. **Psicologia:** teoria e pesquisa, Brasília, v. 34, p. e34432, 2019. Disponível em: https://doi.org/10.1590/0102.3772e34432. Acesso em: 18 jun. 2023.

SEGATA, J.; RIFIOTIS, T. Digitalização e datificação da vida. **Civitas**, Rev. Ciênc. Soc., v. 21, n. 2, p.186-192, maio/ago. 2021. Disponível em: https://doi.org/10.15448/1984-7289.2021.2.40987. Acesso em: 18 jun. 2023.

SILVA, A. R. D. *et al*. A ubiquidade ciborgue como microfísica da insurreição. **Communicare**: Revista do Centro Interdisciplinar de Pesquisa Faculdade Cásper Líbero [recurso eletrônico]. v. 19, n. 2, p. 18-34, 2, 2019. Disponível em: https://lume.ufrgs.br/handle/10183/204823. Acesso em: 18 jun. 2023.

TACUSSEL, P. A modernidade no retrovisor. **Intexto**, Porto Alegre, n. 35, p. 4-50, 2016. Disponível em: https://seer.ufrgs.br/index.php/intexto/article/view/62557. Acesso em: 17 jun. 2023.

TADEU, T. Nós, ciborgues: O corpo elétrico e a dissolução do humano. *In:* HARAWAY, D.; KUNZRU, H.; TADEU, T. **Antropologia do ciborgue**. Belo Horizonte: Autêntica, 2000. p. 9-18.

VOLKART, A. C. C.; BUTTURI JUNIOR, A. Gênero, raça e invenção de si numa página do Instagram. **Revista do GEL**, v. 17, n. 1, p. 329-352, 2020. Disponível em: https://doi.org/10.21165/gel.v17i1.2587. Acesso em: 18 jun. 2023.

ZUBOFF, S. Big other: capitalismo de vigilância e perspectivas para uma civilização de informação. *In:* BRUNO, F. *et al.* (Org.). **Tecnopolíticas da vigilância:** perspectivas da margem (17-68). Tradução H. C. Mourão *et al.* São Paulo: Boitempo, 2018. p. 17-68.

# 5 POR UMA PSICOSSOMÁTICA NARRATIVA: SOBRE AS "FALAS" DO CORPO

*Nataly Netchaeva Mariz*

> O corpo se oferece, em algum aspecto, irremediavelmente como um alter, um alheio, inacessível e enigmático [...] Seu registro de representatividade é em parte pictográfico e, em consequência, sem linguagem. O corpo que tem linguagem se expressa com uma linguagem corporal, sem palavras; e quando tem palavras, essas só denunciam um impossível: traduzir em palavras a inconsistência do corpo. Talvez dessa qualidade surja a necessidade de descobrir os distintos corpos, ou seja, que em cada um dos espaços singular, vincular e social o corpo tem funções e significação próprias de cada um (Puget, 2002).

Como os analistas têm lidado com o adoecimento psicossomático? Há um manejo específico desses quadros na clínica? Estas perguntas instigantes têm marcado importantes reflexões teórico-clínicas. Ao longo dos últimos anos, observamos um outro estatuto do corpo: um corpo, diríamos, para além das palavras. Diferentemente do cenário clínico freudiano, atualmente há um predomínio do ato (*acting-out*) e de sintomas somáticos (Birman, 2010). Testemunhamos em nossos consultórios como os pacientes de hoje são diferentes de outrora.

Dizia Green, ainda nos anos 1990, que a histeria não é mais o pão cotidiano dos analistas, são as manifestações somáticas de nossos analisandos. Em outras palavras, eles nos trazem suas queixas sem grandes enredos ou elaborações. Com relatos factuais, apresentam suas dores em sua pura intensidade, sem aparente sentido a ser desvelado.

A psicanálise clássica, pautada na técnica da associação livre, surgiu com o intuito de dar voz ao desejo inconsciente por trás do sintoma. Seu ponto de partida é um corpo fantasmático, repleto de manifestações que contradizem as leis anatômicas, revelando todo um universo narrativo que, como um farol, apontaria para um caminho da escuta do analista. No mar da associação livre, o analista pesca, por meio de lapsos, chistes e atos falhos a "verdade" do inconsciente.

Em outras palavras, a lógica de funcionamento particular da histeria, distinta da biologia, encena, com seus sintomas conversivos, um engenhoso enredo. Estando na ordem do desejo inconsciente e do recalcado, seu corpo está inscrito no campo da representação. O trabalho clínico, assim, centra-se em uma reconstrução narrativa via associação livre, permitindo aproximar-se da etiologia do sintoma. Esta compreensão inspirou Freud a defender um sentido subjacente ao sintoma somático (Masson, 1986), a ser investigado por meio da linguagem e do encontro analítico propiciador da (re)construção de uma narrativa sobre si (Netchaeva-Mariz, 2022),

Durante boa parte do tempo, uma série de psicanalistas que vieram na esteira dos primeiros trabalhos freudianos insistiu em circunscrever o processo analítico em uma leitura da representação e elaboração dos processos psíquicos, denegando tudo aquilo que não era passível de ser dito via associação livre. O imperativo da palavra, para além do afeto e da dimensão corpórea, parece desconsiderar os avanços teóricos que se descortinaram a partir da virada teórica freudiana de 1920.

A psicanalista brasileira Maria Helena Fernandes (2011) aponta para um duplo movimento teórico-clínico em relação ao corpo: por um lado, as evidências das implicações da subjetividade no corpo são relegadas a uma espécie de esquecimento; por outro, são identificadas exclusivamente com o discurso psicossomático, cuja ênfase é no corpo doente e nas falhas dos mecanismos psíquicos. Joel Birman (2003), por sua vez, revela os limites de uma psicanálise ligada estritamente ao campo da linguagem, já que parte da expectativa de que o inaudível do corpo se transforme em verbo para que possa, então, ser objeto de análise. Tal situação é geradora de impasses clínicos e perplexidade.

De fato, na tradição do pensamento ocidental, foi estabelecendo-se uma espécie de silenciamento somático, no qual o mal-estar se materializa meramente em termos de intervenções em saúde, pela demanda de cuidados e alívio. Trata-se de um paradoxo, já que, na nossa clínica cotidiana, nos deparamos com um corpo ao mesmo tempo ruidoso e silenciado, perante o qual a medicina se vê impotente e a psiquiatria se apresenta como reguladora, por vezes, sem sucesso, pela via medicamentosa.

A Psicossomática, como campo de saber, é herdeira das concepções que defendem uma unidade corpo/mente. Buscando entender a existência humana, tanto na saúde como na doença, em termos desta integração, ela parte do reconhecimento da importância de uma escuta do corpo e de suas manifestações; emerge na interseção entre o saber médico e o psicológico, e permanece sendo um grande desafio para a clínica.

O uso do termo "psicossomático" não se limita apenas aos círculos da saúde mental, ele invadiu nossa linguagem cotidiana de forma que parece difícil estabelecer um significado preciso. Às vezes usado como um substantivo, às vezes como um adjetivo, é fonte de controvérsias: a doença psicossomática, o paciente psicossomático, uma personalidade psicossomática, um campo específico, uma dinâmica... Mais raramente, também é utilizado para definir as manifestações psíquicas consecutivas às doenças de origem orgânica (Chemouni, 2010).

Conceito híbrido, construído na imbricação entre outros dois, a psique e o *soma*, retrata duas disposições distintas que revelam os limites ainda abstratos, mantendo viva a questão entre o monismo e o dualismo da relação corpo/mente (Zucchi, 1991). O campo da psicossomática coloca em discussão a distinção e a interconexão entre o corpo biológico – com funcionamento orgânico que lhe é próprio, objeto da intervenção médica – e o corpo da nossa escuta clínica, em relação com um outro, isto é, um corpo erótico, habitado pela pulsionalidade. Esta distinção é fundamental para se avançar na compreensão sobre o fenômeno psicossomático.

O psicanalista francês Jacquy Chemouni (2010) destaca que, qualquer que seja a ordem preferencial concedida à etiologia de um distúrbio somático, psíquico ou orgânico, estamos no registro da psicossomática quando tentamos apreender a relação que o mental mantém com o somático. O pensamento psicossomático questiona, portanto, as interações entre a esfera psíquica e a esfera somática. Postula que os fatores psíquicos não são redutíveis ao orgânico e testemunham a experiência do sujeito.

Assim, se o objeto de intervenção da medicina é o corpo anatômico, a doença em sua concretude, no campo "psi", é o sujeito em seu sofrimento. Nesse contexto, a "cura" se localiza muito mais no sentido que é dado/construído sobre o fenômeno do adoecimento do que nos fatos propriamente ditos.

É interessante notar que, quando se aborda o adoecimento psicossomático e sua etiologia, o corpo permanece como território impreciso, inspirando inúmeros debates nos campos médico, psicológico e psicanalítico. É fato, contudo, que a psicossomática, como um campo de saber próprio, deve seu desenvolvimento e suas principais conquistas à psicanálise, pois, em seu processo de constituição enquanto disciplina específica, buscou compreender os processos inconscientes que estão na origem das perturbações somáticas.

Interessada na dimensão pré-verbal e na discussão teórico-clínica sobre os processos psíquicos em jogo no sintoma psicossomático, a psicanalista Joyce McDougall (2000), por exemplo, chama atenção para o silêncio que pesava sobre as dores somáticas. Segundo ela, tal "silêncio" é compreensível quando verificamos como as origens das manifestações somáticas, na maioria das vezes, têm raízes muito precoces.

Assim, inspirado por essas observações, o presente texto versa sobre as "falas" do corpo, mais precisamente, as expressões do tipo psicossomático. Ao longo deste trabalho, tomamos como norte duas questões fundamentais: como podemos entender a oferta de uma análise que dá ouvidos a diferentes "falas" do corpo? Que corpo é este que padece pelo adoecimento?

## 5.1 O CORPO: PALCO, ENCONTRO, CONTATO

Como comentamos, nos dias atuais, as discussões sobre o manejo clínico das neuroses clássicas vêm dando lugar à reflexão sobre as patologias do contemporâneo, dentre elas, o adoecimento psicossomático. Não é recente a discussão sobre a transformação com a qual estamos nos deparando na clínica. Somos atravessados por uma comunicação rápida, instantânea, "entregue" ao analista, sem grandes metáforas ou fantasias. Se, no quadro histérico, passeamos pelas representações e pelo recalcado, sendo o encontro analítico propiciador da (re)construção de uma narrativa sobre si, nas assim chamadas "patologias do contemporâneo", o corpo é apresentado em sua concretude, por vezes com detalhados relatos de diagnósticos médicos dados (ou simplesmente encontrados em buscas na internet) e dos procedimentos e intervenções realizados, sem sucesso, no corpo, que não os curam de seus males.

A psicanalista Joyce McDougall, em seu clássico trabalho **Teatros do corpo:** o psicossoma em psicanálise, aponta para uma linha de compreensão própria sobre o adoecimento psicossomático. Estes fenômenos, ela argumenta, são "expressões-através-do-ato" que utilizam o corpo como espaço de descarga. Para a autora, se os limites corporais são representados inconscientemente pelo sujeito como "mal definidos ou não separados do outro", o contato com este outro traz como risco as explosões psicossomáticas "como se, em tais circunstâncias, não existisse senão um corpo para dois" (McDougall, 2000, p. 11).

Já a psicanalista francesa Piera Aulagnier (1979), partindo da ideia de que mundo e psique nascem um para o outro, defende que este encontro é fundador do psiquismo, dos processos psíquicos. Assim, é por meio do próprio espaço corporal que o mundo se apresenta para o bebê. Trata-se de encontro contínuo que nunca cessa de se impor ao aparelho psíquico, permanecendo ao longo de toda a vida do sujeito. É, assim, no campo sensorial, que se desenrolam as trocas mais originárias, já que o corpo é mediador entre as duas psiques e entre a psique e o mundo, constituindo-se como primeiro espaço de relação do adulto com o recém-nascido. Também no corpo se constituem as primeiras narrativas e são encenadas as formas de relação que a mãe pôde estabelecer com seu bebê. Neste sentido, o corpo vai se estabelecendo como o espaço mais primordial de comunicação com o outro.

A atividade elaborativa das intensidades pulsionais tem por fundamento, para a autora, a própria representação de um corpo próprio, do Eu enquanto emergente deste corpo. Vale destacar que é por meio das palavras de um outro, suficientemente cuidador e atento às comunicações primitivas do bebê, que este poderá ser falado, sentido e representado. Os diferentes discursos sobre o corpo singular vão introduzindo palavras às vivências e modificações corporais, vivências estas que o indivíduo poderá com o tempo ler e decodificar. A mãe, ou qualquer outro adulto que se ocupe desta função, metaboliza as sensações do bebê, pois em sua função dupla de porta-voz, fala *pelo* e *para* o bebê (Aulagnier, 1979; 1985). Em um momento no qual o psiquismo só teria acesso ao campo das intensidades, é a palavra do outro que vai dar significação aos afetos que invadem a criança.

Para a autora, haveria três processos ligados à atividade representativa: o processo originário, o processo primário e o processo secundário. Cada um destes corresponde a uma forma de funcionamento psíquico. Como já comentamos anteriormente (Netchaeva--Mariz, 2010), trata-se de três escritas ou línguas que carregam leis sintáticas que lhe são próprias. Escritas que se sucedem temporalmente, mas não se excluem, permanecendo atuantes no psiquismo, cada uma no seu registro. Sua aparição, em um dado momento da constituição psíquica, está vinculada à necessidade que se impõe ao psiquismo proveniente do mundo externo. Os três tipos de representação vinculados a cada processo correspondem à representação pictográfica, à fantasia e ao enunciante.

No interior do processo originário, o objeto só existe psiquicamente devido ao seu poder de modificar a resposta sensorial. A percepção do mundo ocorre pelos sentidos, tendo a mãe como principal emissor e seletor.

Nesse período, ela tem a função primordial de transformar os sinais de vida somática em sinais de vida psíquica. Como define a autora:

A escrita do originário só pode dar a essa corporização figurativa que se propõe o pictograma, a única figuração que a psique pode forjar de seu próprio espaço, de suas próprias vivências afetivas, de suas próprias produções. O processo originário só conhece do mundo os *seus efeitos sobre o soma*, da mesma forma que ele só conhece dessa vida somática as consequências de sua concordância natural e constante com esses movimentos de investimento e de desenvolvimento que marcam a vida psíquica (Netchaeva-Mariz, 2010, p. 128 – grifos nossos).

No processo originário, o mundo se faz presente via corpo, em um processo de autoengendramento: a psique atribui à atividade das zonas sensoriais o poder de engendrar as suas próprias vivências, seus próprios movimentos de investimento ou desinvestimento. Refere-se a um tempo anterior à separação, visto que a realidade coincide totalmente com os seus efeitos sobre a organização somática. De fato, o processo originário trata dos primeiros sinais relacionais, ainda pouco definidos para o sujeito em constituição. Como aponta Silvia Zornig *apud* Aulagnier (2010, p. 24):

> [...] o eu emerge das inscrições corporais que tornam visíveis os registros da emoção e do sofrimento somático, mas só se torna seu próprio biógrafo se contar com a presença afetiva de um outro que possibilite a representação de sua história libidinal e a historização desses primeiros tempos. Nos primórdios da vida, as manifestações somáticas do bebê precisam ser traduzidas e interpretadas por seus adultos fundamentais.

Seguindo essas indicações, resgatamos o nascimento da vida psíquica, fase de constituição dos limites eu-mundo e da aquisição da capacidade narrativa. Tomamos, então, como caminho teórico-clínico, os estudos sobre o corpo sensível, arcaico, que, desde os primórdios, é passível de uma construção narrativa, primeiramente a dois, para, gradativamente, se constituir como uma narrativa sobre si.

Vale dizer que, em seus trabalhos sobre integração psique-*soma*, Winnicott (2000a, p. 334) chama a atenção para o fato de que no "início, o bom ambiente (psicológico) é na verdade físico", estando o bebê ainda no útero da mãe ou já sendo segurado e cuidado por ela. De fato, é da dimensão sensório-rítmica que estamos falando.

Já Freud chamava a atenção para o fato de que a angústia, como um estado afetivo, tem como característica principal o estado de desprazer que se faz acompanhar por "sensações físicas mais definidas que relacionamos a determinados órgãos [...], os mais frequentes e nítidos sendo relacionados aos órgãos respiratórios e ao coração" (Freud, 2014, p. 72). Fazendo-se presente por meio dos sintomas corporais, a ela se manifesta por processos de descarga ligados a inervações motoras que acabam desempenhando seu papel como o fenômeno geral da angústia. O autor indica que as situações econômicas geradas pela dor, vivida por ocasião da perda do objeto, podem ser comparáveis ao caso de lesão física em uma parte do corpo (Quinodoz, 2007).

Na nossa clínica, o outro dos primeiros cuidados vai ser, por meio da transferência, reeditado na figura do analista como um outro não dos cuidados físicos, mas da tradução em palavras das intensidades pulsionais.

## 5.2 CORPO COMO EXPERIÊNCIA DE EXISTIR

> A natureza humana não é uma questão de corpo e mente – e sim uma questão de psique e soma interrelacionados, que em seu ponto culminante apresentam um ornamento: a mente.
>
> (Winnicott, 1990, p. 44)

O corpo, como primeiro espaço de trocas e de prazer, é espaço privilegiado das brincadeiras que envolvem a relação mãe-bebê. Fase primordial para a constituição subjetiva, isto é, de um Eu unificado, é nos primeiros anos de vida que se estabelecem as fronteiras psíquicas e a diferenciação eu-mundo. O outro com seu olhar, com sua disponibilidade para atender às necessidades prementes do bebê, com seu investimento libidinal, fornece as condições que possibilitam à criança experimentar um sentimento de continuidade de existência. A partir das vivências corporais arcaicas de unidade, torna-se viável a constituição gradativa de um *self* capaz de metabolizar as experiências sensório-corporais e transformá-las em pensamento.

Winnicott (1983d, 2000a e 2000b) defende um processo de desenvolvimento emocional calcado na qualidade da relação do bebê com o seu ambiente. Esse decurso contínuo de interação do indivíduo imprime uma compreensão pessoal de que há uma processualidade inacabada, inerente à vida humana, cujas separações entre sujeito e meio, corpo e mente, não são totalmente completas. Há um caminho que leva de uma dependência absoluta a uma dependência relativa, mas o caráter humano faz dele um sujeito em relação e codependência, tanto com o outro como com seu corpo.

O psicanalista francês Chrisophe Dejours (2001), por sua vez, defende que o corpo tem uma dupla dimensão de troca, isto é, um corpo é experimentado ao mesmo tempo que mobiliza o corpo do outro, refletindo fielmente a história das relações entre a criança e seu cuidador. A arquitetura corporal se faz, segundo o autor, a partir da forma com que a infância poderá ser memorizada no adulto. Para ele, não há vida sem um corpo para experimentá-la – o que, do ponto de vista ontológico, é de início a origem e o lugar onde a vida se revela em si mesma. Do corpo advém a subjetividade, e não se trata de um corpo fisiológico. "É o corpo que habito, o corpo que experimento" (Dejours, 2001, p. 155). Em suas palavras, o pensar é "transformar a experiência afetiva do corpo. Um corpo para pensar os pensamentos". É a partir da relação adulto-bebê que vai se descobrindo o corpo, a afetividade.

Assim, "o lugar essencial do encontro entre a criança e o adulto é no início o corpo: os cuidados do corpo, os jogos do corpo" (Dejours, 2001, p. 157).

O autor entende que a vida deve ser considerada como subjetividade absoluta, começando a partir do poder sentir advindo do corpo e seu modo fundamental de padecer, isto é, o sofrimento. Portanto, não há sofrimento sem um corpo. Não há nem angústia, nem prazer sem um corpo para sentir, pois que o sofrimento nada mais é do que um modo radical de revelação da vida.

Do corpo advém a subjetividade. Não se trata de um corpo fisiológico. "É o corpo que habito, o corpo que experimento" (Dejours, 2001, p. 155).

O psicanalista retoma as primeiras brincadeiras corporais descritas por Freud nos **Três ensaios sobre a teoria da sexualidade**, lembrando-nos que o pensamento nasce dos saberes elementares do corpo. Em outras palavras, é da experiência carnal que emergem os processos psíquicos, defende o autor. Não há pensamento sem corpo. Mas é preciso que este seja habitado afetivamente, seja um corpo que se sinta, se experimente para poder pensar.

A brasileira Luciana Wagner, ao comentar a concepção original dejouriana, pontua que, para entender o sintoma, "é preciso se remeter aos primeiríssimos tempos de construção do aparelho. Historicizar estes primeiros tempos, a relação dos pais com a criança, e investigar como se deu a subversão, em busca justamente das falhas deste processo" (2023, p. 8).

Já a psicanalista argentina Janine Puget (2002, p. 401), ao falar do corpo na perspectiva vincular, afirma que:

> O corpo do espaço intrasubjetivo é falado pela função parental no processo, classicamente conhecido, de libidinização. O corpo vincular é falado por um outro e para isso o sujeito deve poder falar do corpo do outro para ir constituindo corpos que pertençam a esse vínculo e a nenhum outro.

Como Birman (2003) relembra, no interior do discurso freudiano, que é possível encontrar um olhar inovador sobre o psíquico: ele se funda no corpo.

Um corpo que é da "ordem do artifício". Trata-se de uma criação que se desdobra da relação com um outro fundamental. Ele não se identifica nem com o somático, nem com o organismo. Diferenciando-se da ordem vital, o corpo freudiano se constitui por meio de diferentes territórios, regulados por diversas modalidades de funcionamento. Com efeito, distintas são as formas de subjetivação forjadas a partir destes territórios, assim como são diversas as apropriações que cada um pôde fazer de tais territórios. Em última instância, o discurso freudiano se institui em uma íntima articulação entre o corpo e formas de subjetivação, completa o autor.

## 5.3 O EU E O OUTRO: DOIS CORPOS EM RELAÇÃO

> [...] não é possível pensar em definir um corpo, e sim em definir corpos: há um corpo que fala a um outro, há um corpo falado e um corpo do qual se fala com um outro... e daqui em diante a lista é infinita...
>
> (Puget, 2002, p. 402)

No contexto da segunda tópica, em 1923, Freud (p. 38) aponta para um processo de constituição egoica que passa pela emergência de um Eu-corporal. O Eu é definido pelo autor não apenas como "um ente de superfície: é, também, ele mesmo, a projeção de uma superfície". É, de fato, uma instância que não está presente desde o início da vida, e sim constituída aos poucos, sendo primeiramente um Eu-corpo para tornar-se, posteriormente, um Eu-psiquismo (Fontes, 2010). Em outras palavras, o Eu-corporal é solo do eu-psíquico e se faz necessária uma operação narcísica para o corporal vir a ser Eu-psíquico (Parobini, 2014).

Tal postulação auxilia a pensar o manejo com os pacientes somáticos, uma vez que nos conduz à dimensão da processualidade inerente à constituição subjetiva, isto é, a um caminho que precisa ser percorrido, do sentir para o dizer, o caminho da dor ao sofrimento. Iniciando-se com as primeiras brincadeiras corporais, o Eu rudimentar das experiências precoces é marcado pela dimensão sensório-rítmica, percebida somaticamente. O mundo é sentido via corpo, via toque, calor/frio, entonações da voz materna. Gradualmente, este corpo vai se integrar a uma unidade, um corpo próprio, que reconhecemos como Eu.

Sobre esse ponto, Ivanise Fontes (2010) defende que a experiência tátil "serviria de modelo à experiência psíquica", de maneira que a "pele ensina o ego a pensar" (p. 42), preparando o desdobramento psíquico do ego em termos de distinção eu/não eu. De fato, para a autora, a "experiência tátil seria por assim dizer modelo da experiência psíquica" (p. 62). Esta compreensão é um elemento-chave para a reflexão sobre o fenômeno psicossomático, entendido classicamente como aquém da representação psíquica, marcada por um corpo que demanda cuidados.

Os cuidados mais primordiais vêm acompanhados de olhar, de palavra, de afeto, cuidados estes dedicados nos primeiros anos de vida que possibilitam que as emoções possam ser compreendidas, que o mundo em volta seja menos invasivo. A mãe funciona como tela protetora contra as intensas exigências que o meio lança sobre o bebê. Ela vai dosando a exposição aos estímulos, narrando os acontecimentos, constituindo, por meio de seus cuidados, uma "barreira protetora" entre o bebê e o mundo.

Em alguns casos, observamos como a mãe (ou qualquer outro adulto cuidador) não consegue compreender e interpretar as necessidades de seu filho, por estar aprisionada em seus próprios conflitos internos, levando-a a impor suas próprias necessidades em detrimento das necessidades do bebê.

Essa impossibilidade de "ouvir" as comunicações primitivas de seu bebê pode levar a dificuldades na idade adulta. O sujeito passa a não conseguir entrar em contato com sua própria dor, mantendo-a de difícil acesso à intervenção, como a paciente a seguir.

Judit é uma mulher que está em torno dos seus 50 anos, sendo atendida em diversos ambulatórios de um Hospital Universitário. Chega com suspeita de esclerose múltipla, histórico de endometriose crônica, colecionando diversas internações. Começa a ser atendida pela Psicologia a pedido de sua fisioterapeuta: "ela tem alergia a tudo". Não podendo tomar corticoide e tendo reação ao contraste usado em diversos exames, deixa seus médicos sem saída. Sofre com crises convulsivas, espasmos musculares, paralisias, quedas e perda de mobilidade. Anda com auxílio de muletas e, além de sentir dores intensas, tem tido episódios de perda e embaçamento da visão.

No início do acompanhamento, mostra-se raivosa e ressentida com sua história de vida, descrente das relações e crítica aos cuidados médicos. Atribuindo aos outros a piora de sua saúde, queixa-se de incompetência médica e dos conflitos familiares persistentes que têm impacto direto sobre seu corpo. Não suportando qualquer incerteza ou frustração, reage com fúria ou crises que vêm deteriorando sua saúde física.

Por ocasião de mais uma internação que não revela "nada", mas na qual a presença de sua filha, Gabriela, é uma constante, podemos observar como se dá a dinâmica entre as duas: se, por um lado, há histórico de desentendimentos e ressentimentos diversos, por outro, Gabriela mantém-se preocupada, presente e reivindicativa com a equipe hospitalar durante a internação. Ansiosa, reproduz a fala da mãe criticando o restante da família, atribuindo a eles a culpa pela piora da saúde da mãe. Angustiada, revela que passou a infância toda no hospital com a mãe, e não gostaria de vê-la sofrer. Naquela cena, os papéis se invertem: é a filha que cuida da mãe, briga por ela.

Após alta hospitalar, Judit descobre que Gabriela está grávida. Perturba-se com a notícia, pois acredita que a filha, que, assim como ela, sofre de endometriose, não tem condições físicas nem emocionais de cuidar de um bebê.

Retomando a noção de função materna, lembramos que o adulto que se ocupa dos cuidados fundamentais do bebê atua como tela protetora contra as oscilações do mundo externo, garantindo que o sentimento de segurança e continuidade de existência possa se estabelecer. Judit sente-se despedaçada, ameaçada, "em carne viva". Presa a um destino inescapável de decepções e violência, não contém sua angústia, projetando na filha sua impossibilidade de maternar.

Tal fato a faz reabrir antigas feridas, retomando os 10 anos que passou "na cama", indo e voltando de internações. Submetida a diversas intervenções invasivas, com corpo paralisado, não pôde cuidar de seus filhos. Relembra sua relação com uma mãe pouco disponível e acusativa. Tem histórico de violência e abuso na infância. Ainda nesta época teve febre reumática. Aos 17 anos, é expulsa de casa pela mãe após revelar os abusos perpetrados pelo padrasto. Desacreditada, se vê sem lugar, vindo a casar com um dependente químico que a agride constantemente, mesmo durante a gravidez. As sucessivas violências a fizeram ficar indiferente aos filhos. Vê-se tendo sido uma mãe rigorosa e pouco afetiva.

Após os anos de paralisia e intensa sedação, tem um período de "cura" no qual trabalhava compulsivamente como gerente de loja para esquecer seus problemas. Desta forma, garante o conforto da mãe e de seu filho mais velho. Sustentar ambos a faz, em certa medida, aplacar sua culpa de ter sido tanto uma mãe quanto uma filha insatisfatória. Sentindo-se finalmente potente e em uma busca desenfreada de afirmação de sua saúde, faz horas extras e se propõe a trabalhar nos finais de semana. Após poucos anos, adoece, desta vez de endometriose, afastando-se mais uma vez de todas as pessoas.

Mantém-se deitada para não sangrar, já que "pedaços" saem de dentro dela. Recupera-se e volta à ativa. No entanto, após mais alguns anos, passa a emagrecer e sentir dormência nas pernas. Atribui isto ao estresse, mantendo-se no mesmo ritmo de trabalho, até que, após uma queda, perde os movimentos, passando a fazer uso de cadeira de rodas. Precisando mudar de cidade para receber melhores cuidados médicos e se afastar dos problemas familiares. Aos poucos, vai resgatando os movimentos, por meio de um acompanhamento atento e implicado de sua fisioterapeuta.

Após um ano e meio de processo analítico, consegue falar sobre as diversas dores pelas quais passou. De sua luta, desde pequena, pela vida e por sua saúde, recebendo, quando doente, cuidados de sua mãe. No período de 10 anos no qual ficou imobilizada, jogava-se da cama para o chão em um movimento desesperado para fazer seu corpo reagir. Foi sedada e passou a não se reconhecer, desconectando-se da vida e das relações. Agora, acredita que seu grave adoecimento revela as dores pelas quais passou. Sente-se, finalmente, com esperança de poder viver momentos de tranquilidade e descontração ao lado de uma nova rede afetiva que se estabelece em torno dela.

Essa vinheta nos aponta que a ausência de identificação com uma mãe amorosa pode ocasionar um sentimento de que o sujeito não é responsável pelos cuidados com o seu corpo. Estamos nos referindo a pacientes que ignoram os indícios de sofrimento corporal, não conseguindo ouvir os sinais de sofrimento psíquico. São sujeitos que tendem a ejetar os afetos dolorosos para manter sua organização mental (McDougall, 2000). Nas palavras de McDougall (2000, p. 10):

> O estudo de trabalhos de especialistas acerca das manifestações psicossomáticas na primeira infância me fez

compreender que meus pacientes adultos às vezes funcionam psiquicamente como bebês que, não podendo utilizar as palavras como veículo de seu pensamento, só conseguiram reagir *psicossomaticamente* a uma emoção dolorosa.

Ao longo do trabalho em ambiente hospitalar com pacientes reumatológicos e portadores de dor crônica, percebemos como a necessidade imperativa de "calar" mal-estar tem custo alto em termos de saúde. A falta de espaço para o pensar, para elaborar as emoções, faz com que estas sejam ejetadas em *acting-out* ou que transbordem no corpo, levando à piora do quadro clínico.

## 5.4 O CORPO EM ANÁLISE: NARRATIVAS A DOIS

> Partindo da solidão essencial, o ser humano entra no mundo na condição de exilado surpreendido, acolhido no abraço e no olhar de alguém para que um lugar se estabeleça e um iniciar-se possa acontecer (Safra, 2004, p. 24).

No livro **A potencialidade narrativa do sintoma psicossomático**, desenvolvemos nossa visão de que o corpo dos primeiros anos de vida pode se apresentar no *setting* analítico, mesmo com pacientes adultos. Palco da revivência de experiências precoces que não puderam ser metabolizadas, o corpo toma a cena analítica, visando à elaboração psíquica. Como indica McDougall (1999, p. 157):

> [...] os sintomas psicossomáticos podem ser compreendidos como uma forma primitiva de comunicação, uma língua arcaica, uma protolinguagem, que, muito cedo na história do homem, talvez fosse destinada a chamar atenção de um outro. Convém assinalar que esta protolinguagem vem, pouco a pouco, a ser utilizada como linguagem simbólica [...] Na realidade, todo analisante que sofre somaticamente (e quem não o faz?) vem, sob o impacto do processo analítico, a viver seus sintomas físicos como comunicações e escutá-los para melhor captar as pressões, internas e externas, que o assaltam, e, a partir daí, investir cada eclosão somática de um sentido metafórico, para enfim atribuir-lhe uma significação simbólica.

Para a autora, esses processos são semelhantes ao funcionamento do sonho, sendo o sintoma, nas palavras dela, "um sonho frustrado". Ela traz a possibilidade de se compreender sintoma psicossomático "como uma linguagem do corpo primitivo" (McDougall, 1999), pois não há pensamento sem um corpo que se experimente como tal. As vivências arcaicas, que se manifestam na idade adulta por meio de sintomas psicossomáticos, podem ser compreendidas como um resto que não pôde ser interiorizado, são "restos não harmonizados" da relação precoce (Zigante, 2014). Neste sentido, esses elementos que se apresentam no corpo estão na ordem do não metabolizado, demandando diferentes manejos do analista.

Ao considerar a dimensão processual do trabalho de elaboração, é possível conceber que sempre haverá algo a ser elaborado psiquicamente. O processo analítico torna-se uma oportunidade de simbolizar o que não pôde ser integrado psiquicamente. Para isso, há um lugar ativo a ser ocupado pelo analista nesta construção.

Bernard Golse (2010), defende a existência de núcleos de intersubjetividade primária em toda criança que são derivados de processos originários não traduzidos ou não primarizados. Na clínica, esses núcleos se encontram fora do registro da palavra, no entanto, mostram-se vivos e ativos em outras esferas. Eles retornam via corpo, como uma forma muito precoce de endereçamento ao outro. No trabalho de análise, manifestam uma potencialidade narrativa, isto é, podem formar um enredo que conta como ficou registrada a relação entre o bebê – que ainda habita o paciente – e seus cuidadores primordiais.

O analista atua, então, como receptor de uma comunicação extremamente precoce que lança mão do corpo como forma de expressão. Neste contexto, há uma dimensão tradutiva do trabalho de análise. A presença viva do analista, suas palavras, possibilitam a construção de sentido para os elementos que permaneceram sem elaboração.

Lembramos que McDougall (2000) propõe uma visão bastante particular sobre o adoecimento, já que defende que cada um de nós cria "peças de teatro interno" ainda na primeira infância, e estas têm um efeito duradouro sobre a sexualidade do adulto. Ampliando esta concepção, aponta para a importância de se compreender os "teatros somáticos" que se apresentam no palco psicanalítico. Para ela, os pacientes somatizantes têm uma recusa por parte do psiquismo de lidar com o conflito pulsional, que se expressa, consequentemente, no corpo. As palavras ficam sufocadas em um drama silencioso encenado internamente. A manutenção de sintomas, mesmo que gerem sofrimento, são os arranjos que foram possíveis para garantir a saúde mental. Desta forma, o analista deve se manter atento aos movimentos paradoxais do sujeito: por um lado a busca pelo tratamento, por outro, um contrainvestimento que impossibilita a mudança. Deve-se considerar que "esses sintomas constituem tentativas infantis de cura de si mesmo e foram inventados como solução para a dor mental insuportável, [...] os sintomas desta natureza constituem técnicas de sobrevivência psíquica" (McDougall, 2000, p. 9).

De fato, há um caminho a ser percorrido na passagem da dor do corpo para a dor da alma (Fernandes, 2003) que diz respeito à mudança de um investimento narcísico do sujeito sobre seu próprio corpo a um investimento de objeto (Freud, 2014). A dor tem uma dimensão narcísica, na medida em que aponta para a falta de uma contenção do outro, revelando a necessidade de um investimento libidinal sobre o próprio eu. Baseada em Freud, Fernandes (2003) afirma que "afetado pela ausência, o corpo dói" (p. 84). Essa dor se apresenta na clínica a partir de falas que localizam o sofrimento nas pernas, nas costas, no peito... diante de sofrimento muito intenso, alguns pacientes "insistem em distinguir o sofrimento da dor e frequentemente a localizam no próprio corpo" (Fernandes, 2002, p. 57).

No campo psicanalítico, o corpo, como um corpo erótico, implica um trabalho inerente de elaboração e significação das experiências sensório-afetivas. Estas têm um caráter transitório, "alimentado" por investimentos libidinais. O trabalho analítico, assim, é propiciador de um processo de exploração do psiquismo via uma narrativa construída/reconstruída no *setting* analítico. Esta abertura para a narração das dores da vida implica a presença de um outro, um ouvinte, que traduz em palavras as diversas "falas do corpo".

A oferta da escuta, de uma presença viva e sensível, permite um alargamento das possibilidades do sujeito de (re)significar seu adoecimento.

# REFERÊNCIAS

AULAGNIER, P. **A violência da interpretação:** do pictograma ao enunciado. Rio de Janeiro: Imago, 1979.

AULAGNIER, P. O nascimento de um corpo, origem de uma história. *In:* MACDOUGALL, J. *et al.* (Org.). **Corpo e história:** IV Encontro Psicanalítico d'Aix-en-Provence. São Paulo: Casa do Psicólogo, 1985.

AULAGNIER, P.; FORTES, I.; PERELSON, S. **Um novo lance de dados:** psicanálise e medicina na contemporaneidade. Rio de Janeiro: Cia de Freud, 2010.

BIRMAN, J. Corpo. *In:* BIRMAN, J. **Arquivos do mal-estar e da resistência.** Rio de Janeiro: Civilização Brasileira, 2003.

BIRMAN, J. **O sujeito nas fronteiras do corpo:** ensaios sobre o sofrimento psicossomático. Rio de Janeiro: Civilização Brasileira, 2010.

CHEMOUNI, J. **Psychosomatique de l'enfant et de l'adulte.** Paris: In Press Édition, 2010.

DEJOURS, C. Biologia, psicanálise e somatização. *In:* VOLICH, R. M; FERRAZ, F. C.; ARANTES, M. A. (Org.). **Psicossomática II:** psicossomática psicanalítica. São Paulo: Casa do Psicólogo, 1998.

DEJOURS, C. **Le corps d'abord:** corps biologique, corps érotique et sens moral. Paris: Payot & Rivages, 2001.

DEJOURS, C. **O corpo entre a biologia e a psicanálise.** Porto Alegre: Artes Médicas, 1988.

DEJOURS, C. **Repressão e subversão em psicossomática:** pesquisas psicanalíticas sobre o corpo. Rio de Janeiro: Jorge Zahar Editor, 1991.

FERNANDES, M. H. A relação entre o psíquico e o somático: o corpo na clínica psicanalítica. *In:* GARCIA, A. C.; CARDOSO M. R. (Org.).

**Limites da clínica. Clínica dos limites.** Rio de Janeiro: FAPERJ, 2011. p. 47-62.

FERNANDES, M. H. **Corpo**. São Paulo: Casa do Psicólogo, 2003.

FERNANDES, M. H. Entre a alteridade e a ausência: o corpo em Freud e sua função na escuta do analista. **Percurso**, p. 51-64, n. 29, 2/2002.

FONTES, I. **Memória corporal e transferência:** fundamentos para uma psicanálise do sensível. São Paulo: Via Lettera Editora e Livraria, 2002.

FONTES, I. **Psicanálise do Sensível:** fundamentos e clínica. São Paulo: Ideias & Letras, 2010.

FREUD, S. À guisa do narcisismo. *In:* **Escritos sobre a psicologia do inconsciente**. Rio de Janeiro: Imago, 2004. v. I, p. 95-132.

FREUD, S. Além do princípio do prazer. *In:* **Escritos sobre a psicologia do inconsciente**. Rio de Janeiro: Imago, 2006. v. II, p. 123-198.

FREUD, S. Algumas considerações para o estudo comparativo das paralisias motoras orgânicas e histéricas. *In:* FREUD, S. **Histeria:** primeiros artigos. Rio de Janeiro: Imago, 1998a.

FREUD, S. **Inibição, sintoma e angústia**. Rio de Janeiro: Imago, 2001.

FREUD, S. **O Ego e o Id**. 1923 Tradução de Paulo César de Souza. 2. ed. São Paulo: Companhia das Letras, 2011.

FREUD, S. Relatório sobre meus estudos em Paris e Berlim. *In:* FREUD, S. **Histeria:** primeiros artigos. Rio de Janeiro: Imago, 1998b.

GOLSE, B. **Do corpo ao pensamento**. Lisboa: CLIMEPSI Ed., 2002.

GOLSE, B. O corpo da criança e o corpo de sua mãe: algumas reflexões psicanalíticas sobre a função materna. **Revista Brasileira de Psicanálise**, v. 44, n. 2, p. 7-22, 2010.

GOLSE, B. **Sobre a psicanálise pais-bebê:** narratividade, filiação e transmissão. São Paulo: Casa do Psicólogo, 2003.

GREEN, A. **Conferências brasileiras de André Green:** metapsicologia dos limites. Trad. Helena Bresserman Viana. Rio de Janeiro: Imago, 1990.

MASSON, J. M. (Ed.). **A correspondência completa de Sigmund Freud para Wilhem Fliess** (1887-1904). Trad. Vera Ribeiro. Rio de Janeiro: Imago, 1986.

MCDOUGALL, J. Angústia de separação e identidade. Palestra feita em Paris no GERPEN em 15 de janeiro de 1995. *In:* MENAHEM, R. **Joyce McDougall.** São Paulo: Via Lettera Editora e Livraria, 1999. (Psicanalistas de Hoje).

MCDOUGALL, J. **Teatros do corpo:** o psicossoma em psicanálise. São Paulo: Martins Fontes, 2000.

NETCHAEVA-MARIZ, N. **Violência precoce e constituição psíquica:** limites e possibilidades de representação no corpo. Dissertação (Mestrado) – Departamento de Psicologia, Pontifícia Universidade Católica do Rio de Janeiro, Rio de Janeiro, 2010.

NETCHAEVA-MARIZ, N.; ZORNIG, S. A. **A potencialidade narrativa do sintoma psicossomático.** Curitiba: Appris, 2022.

NETCHAEVA-MARIZ, N.; ZORNIG, S. A. Violência precoce e constituição psíquica: limites e possibilidades de representação no corpo. **Revista Latinoamericana de Psicopatologia Fundamental.** São Paulo, v. 14, n. 3, p. 426-439, setembro 2011.

PAROBINI, P. **Angústia e perseguição na hipocondria:** a eterna atualização do mesmo. Tese (Doutorado) – Programa de Pós-Graduação em Teoria Psicanalítica, IP/UFRJ, Rio de Janeiro, 2014.

PUGET, J. O corpo denuncia e encobre. **Psicanálise**, Porto Alegre, v. 4, n. 2, p. 397-411, 2002.

QUINODOZ, J. M. Ler Freud: guia de leitura da obra de S. Freud. Porto Alegre: Artmed, 2007.

SAFRA, G. **A po-ética na clínica contemporânea.** São Paulo: Ideias e Letras, 2004.

WAGNER, L. C. A voz do corpo: a psicossomática segundo Christophe Dejours. **Constructo Revista de Psicanálise.** Rio de Janeiro, v. 8, n. 2, p. 1-19, 2023.

WINNICOTT, D. W. A integração do ego no desenvolvimento da criança. *In:* WINNICOTT, D. W. **O ambiente e os processos de maturação:** estudos sobre a teoria do desenvolvimento emocional. Porto Alegre: Artes Médicas, 1983a.

WINNICOTT, D. W. A mente e sua relação com o Psicossoma. *In:* **Da Pediatria à Psicanálise:** obras escolhidas. Rio de Janeiro: Imago, 2000a.

WINNICOTT, D. W. Da dependência à independência no desenvolvimento do indivíduo. **O ambiente e os processos de maturação:** estudos sobre a teoria do desenvolvimento emocional. Porto Alegre: Artes Médicas, 1983b.

WINNICOTT, D. W. Desenvolvimento emocional primitivo. *In:* **Da Pediatria à Psicanálise:** obras escolhidas. Rio de Janeiro: Imago, 2000b.

WINNICOTT, D. W. **Natureza humana.** Rio de Janeiro: Imago, 1990.

WINNICOTT, D. W. O desenvolvimento da capacidade de se preocupar. *In:* WINNICOTT. D. W. **O ambiente e os processos de maturação:** estudos sobre a teoria do desenvolvimento emocional. Porto Alegre: Artes Médicas, 1983c.

WINNICOTT, D. W. Preocupação materna primária. *In:* **Da Pediatria à Psicanálise:** obras escolhidas. Rio de Janeiro: Imago, 2000c.

WINNICOTT, D. W. Provisão para a criança na saúde e na crise. **O ambiente e os processos de maturação:** estudos sobre a teoria do desenvolvimento emocional. Porto Alegre: Artes Médicas, 1983d.

ZIGANTE, F. **Groupe de travail:** la narrativité, un pont entre attachement et psychanalyse. Paris: Faculté de Médicine, Université René Descartes. Outubro de 2013/fevereiro de 2014.

ZORNIG, S. M. A.-J. A corporeidade na clínica: algumas observações sobre os primórdios do psiquismo. **Tempo Psicanalítico**, Rio de Janeiro, v. 40, n. 2, p. 327-337, 2008a.

ZORNIG, S. M. A.-J. **A criança e o infantil em psicanálise.** 2. ed. São Paulo: Escuta, 2008b.

ZORNIG, S. M. A.-J. Reflexões sobre a ética do cuidado na primeira infância. *In:* **Primórdios, psicanálise aplicada:** diferentes formas de cuidar. Círculo Psicanalítico do Rio de Janeiro, Rio de Janeiro, v. 1. n 1, p. 15-26, p. 24, 2010.

ZUCCHI, M. O psicossomático e a subversão dos limites das ciências. *In:* DEJOURS, C. **Repressão e subversão em psicossomática:** pesquisas psicanalíticas sobre o corpo. Rio de Janeiro: Jorge Zahar Editor, 1991.

# 6 UM CORPO PARA SE VIVER: REFLEXÕES SOBRE A ABORDAGEM TEÓRICO-CLÍNICA LACANIANA DA PSICOSSOMÁTICA

*Bernardo Arbex de Freitas Castro*

> ... assim é que a vida deve ser, quando um desanima, o outro agarra-se às próprias tripas e faz delas coração (Saramago, em **A caverna**).

No presente capítulo, pretendemos explicitar algumas considerações do psicanalista francês Jacques Lacan a respeito dos fenômenos psicossomáticos, levando em conta a influência da linguagem em seu pensamento metapsicológico, bem como em sua prática clínica. Iniciaremos destacando a especificidade das afecções psicossomáticas em suas diferenças em relação aos sintomas conversivos no corpo, típicos da neurose histérica. Em seguida, trataremos da própria noção de corpo pulsional em psicanálise, diferenciando-o do corpo anatomofisiológico da biologia. Depois vamos nos debruçar sobre o fenômeno linguístico da holófrase, uma espécie de frase compactada que não remete a nada, que, para Lacan, é característica dos psicossomatizantes. Finalmente, apresentaremos uma vinheta clínica em que o sujeito se apresenta como portador de uma *síndrome do cólon irritável*, um mal-estar classificado como psicossomático e que, no caso em questão, se faz revelador de uma parte do corpo não representada no psiquismo.

## 6.1 CONSIDERAÇÕES PRELIMINARES

A fim de compreendermos a particularidade da abordagem teórico-clínica lacaniana da psicossomática, consideramos importante traçar duas observações preliminares: uma de ordem terminológica e etimológica, outra sobre a concepção de corpo para a psicanálise.

O primeiro aspecto que pretendemos ressaltar diz respeito à maneira como Lacan nomeou as afecções psicossomáticas, a saber, como *fenômenos psicossomáticos* (FPS). Valendo-nos dessa nomenclatura, podemos distinguir um fenômeno de um sintoma. Etimologicamente, o termo fenômeno tem origem no grego *phainomenom* e denota um acontecimento observável, uma aparição. Já o termo sintoma também provém do grego *symptoma* e indica uma junção de pedaços.

Para Lacan (1999), o sintoma é uma *formação do inconsciente*. Ao lado dos sonhos, chistes e atos-falhos, o sintoma se refere a uma classe de manifestações do inconsciente que aponta para uma decifração de significantes recalcados para os quais o instrumento clínico mais eficaz seria o da interpretação. Do contrário, o FPS não se apresenta como uma *cifragem de significantes* no inconsciente, mas como uma *escrita* de vivências não elaboradas no seio do corpo anatomofisiológico, no próprio *soma* (Miller, 2003). Para elaborar sua metapsicologia, o psicanalista francês fez uma releitura dos textos freudianos, tomando como partida a epistemologia da linguística estruturalista inaugurada por Ferdinand de Saussure, teórico contemporâneo de Freud.

Concebido como *imagem acústica* por Sausurre (1969), o significante refere-se, em Lacan, ao termo freudiano *Vorstellung Repräsentanz*. Este último pode ser traduzido como representante representativo. Para Freud (2010b), a pulsão se configura como conceito limítrofe entre o somático e o psíquico, conceito que se fundamenta, portanto, entre o corpo anatomofisiológico, em seus aspectos biológicos, e entre o aparelho psíquico, concebido e abordado como um aparelho de linguagem (Freud, 2013). Como força cuja fonte é o próprio *soma*, a pulsão "adentra" o psiquismo por meio de seus representantes: sua carga afetiva e seu representante representativo.

Retomando a diferenciação entre um sintoma e um fenômeno psicossomático, também consideramos a importância dessa discriminação no sentido de cotejarmos a teorização lacaniana com a de outros autores consagrados da psicossomática, como Joyce McDougall (2013). Para esta teórica, o sintoma tem lugar no psiquismo como uma representação [*Vorstellung*] em seu valor simbólico para o sujeito, ao passo que a afecção psicossomática ocorre como tentativa de apresentar algo ainda não psiquicamente inscrito, uma apresentação [*Darstellung*] apelante por uma representação.

Aí talvez possamos situar a demanda que o psicossomático veicula ao analista em transferência, ou seja, a transformação de um fenômeno em um sintoma, a partir do qual o sujeito possa adquirir um saber, uma fala própria a respeito da afecção que o acomete.

Portanto, ao lidarmos com portadores de FPS, encontramos o desafio preliminar de garantir que o soma se torne corpo, que a lesão ou a disfunção em um órgão anatômico ganhe um estatuto simbólico, representativo, passível então de ser operado no registro das significações.

Diante dessas considerações, retomemos um pouco a concepção de corpo para a psicanálise, mais especificamente para a abordagem lacaniana: afinal, de que corpo tratamos?

## 6.2   O CORPO PSICANALÍTICO: UM CORPO RECORTADO PELA PULSÃO

No célebre texto *O mal-estar na cultura*, Freud (2010a) assinalou o corpo como uma das três fontes de sofrimento do sujeito na cultura. Nesse momento de sua elaboração, a histeria já lhe havia revelado um corpo que contrariava as leis da anatomia, corpo intratável pelos saberes de até então. Desse modo, o sintoma histérico mostrou-se obedecendo às mesmas leis que Freud encontrou no funcionamento dos sonhos, chistes e parapraxias, nas formações do inconsciente.

O sujeito histérico descrevia seu sintoma por meio de uma narrativa marcada pela *belle indifférence*, como se aquela fonte de mal-estar não lhe dissesse respeito. No entanto, ao falar sobre seu sintoma, o sujeito expressava, ao mesmo tempo, prazer e dor. Por sua vez, o psicanalista, ao operar através de cortes na fala do sujeito, ao convocá-lo a formular questões acerca de suas queixas, tinha acesso a outra cena, o Inconsciente, onde o sentido do sintoma podia finalmente ser decifrado. O sintoma histérico então se mostrava resultado de uma formação de compromisso entre um desejo inconsciente e as restrições morais que a cultura impunha ao sujeito (Freud, 2015). Mais adiante, Freud (2010a) pensou o mal-estar como produto do excesso de excitação sem destino, excesso inassimilável tanto para a cultura quanto para o sujeito.

Pela lógica do significante, Lacan (1999) retornou a Freud e afirmou que o inconsciente se estrutura como uma linguagem. Desse modo, sofreu críticas por supostamente negligenciar a relevância dos afetos que permeiam o discurso dos sujeitos na clínica. Como resposta, teorizou sobre a angústia que, afetando o corpo, revela a proximidade com o desejo inconsciente (Lacan, 2005).

Em seu seminário **Os quatro conceitos fundamentais da psicanálise** (Lacan, 2008a), propõe uma nova concepção do inconsciente: *pari passu* com as zonas erógenas, marcas do investimento libidinal no corpo, o inconsciente estrutura-se como borda, como hiância. Assim, Lacan (2008a) pôde descrever a libido como um órgão cuja semântica nos remete tanto a um instrumento em que se pode tocar, quanto ao visceral – uma parte do corpo que, erogeneizada, precisará de um objeto para se satisfazer.

Diante de um corpo que responde à fala, substituímos a anatomia biológica pela topologia psíquica. Portanto, o corpo de que falamos em análise é inteiramente perpassado pelas trilhas de satisfação pulsional, pelas marcas de erogeneidade outrora experimentadas, em época que fomos objeto de investimento para um Outro. A constituição de cada sujeito inclui, desde seu início, o que ele significa para aqueles que o geram, esse Outro, entendido aqui como o arcabouço de significantes, detentor das leis culturais, também representado nas figuras parentais.

Ser para o Outro: é disso que se trata na origem de cada vida. A pulsão nos obriga à busca incessante por um objeto que não nos é imediato. O simbólico recorta a experiência de satisfação do homem desde antes de seu nascimento, pois a mãe, enquanto amamenta o recém-nascido, profere palavras que balizam sua existência, de acordo com o que ela própria deseja. "Ele é guloso", "ele rejeita o meu peito", "ele me machuca"; são apenas exemplos de frases que podem acompanhar o ato de saciar a fome – compreendida até então como necessidade orgânica – daquele novo ser. A essa operação que garante a sobrevivência pela intervenção do Outro, Lacan (2008a) deu o nome de *alienação*. Por intermédio dela, o sujeito se faz representar no campo da linguagem, campo onde sua singular existência é palavreada, investida de sentido. No entanto, há algo do ser vivo que não se deixa recortar pela linguagem, de modo que dessa operação resulta uma outra, isto é, *a separação* (Lacan, 2008a). Separação, presume-se, de um resto irrepresentável, inefável ou indizível do ser vivo.

## 6.3 A BOLSA OU A VIDA? UM OBJETO É PERDIDO PARA O SUJEITO VIVER

O que se deve perder diante da violenta ameaça quando somos surpreendidos em um assalto? Lacan elucida: não há *ou* bolsa *ou* vida, pois, se o sujeito escolhe a bolsa, ele perde ambas – a bolsa e a vida. Em sua escolha forçada, o que resta ao sujeito é "uma vida decepada" (Lacan, 2008a, p. 207), vida privada de seu objeto. Mas é justamente essa perda que, correspondendo a uma falta no simbólico, no campo do Outro, algo ainda irrepresentável pela linguagem, abrirá o caminho para o desejar. Por isso, nos matemas de Lacan, o sujeito aparece com uma barra ($), pois o que se separa dele (*objeto a*) impulsionará sua tentativa de nomear o que lhe falta – falta referente ao sujeito, mas também ao Outro [S($\cancel{A}$), leia-se significante da falta no Outro].

Não à toa, Lacan (2008a) chega a conceber a placenta como imagem para o objeto pequeno a: o que o vivo perde para ganhar a vida no ato do nascimento; o interstício entre duas existências, da mãe e do bebê.

Por meio do objeto pequeno *a*, Lacan tenta escrever, portanto, as duas faltas, do sujeito e do Outro. Alvejado pela pulsão, não conseguimos mais do que contornar esse objeto, quando bem opera como causa do desejo. Certas vezes, diante da incapacidade de metabolização simbólica das vivências, esse objeto se aproxima de maneira incontornável, a angústia sinaliza a sua presença e provoca agitação – mas também paralisia – das vias motoras ou de alguma parte do corpo, como se o sujeito estivesse na iminência de uma perda significativa para a qual ainda não pode encontrar representação psíquica.

A seguir, intentamos explicitar de que forma a ausência de separação pode manter o sujeito em holófrase, alienado em uma soldagem significante.

## 6.4  HOLÓFRASE: A SOLDAGEM SIGNIFICANTE

Se no sintoma histérico a conversão cifrada do conflito entre desejo e cultura se instala em um corpo psíquico já simbolizado e representado, por outra via o FPS se apresenta como uma *soldagem significante* em pedaços do corpo real – corpo anatomofisiológico ou somático –, ainda não simbolizado.

> Lacan escreve a estrutura da linguagem a partir da cadeia significante, mais especificamente da sua unidade mínima, como assinalado pelo matema S1-S2. Assim, para que se produza o efeito a que chamamos sujeito, são necessários no mínimo dois significantes, ou seja, um par opositivo, que grafamos como S1-S2. Assim, um significante (S1) pode representar um sujeito ($) para outro significante (S2). Segundo Miller (2003), no FPS encontramos um S1 absoluto, não dialetizável em relação a um S2 e, portanto, não representando nada. Assim, há como um congelamento, um apagamento do intervalo entre S1 e S2, formando uma holófrase, uma colagem entre S1 e S2 (S1S2) que se torna um novo S1, hipertrofiado, absoluto, não dialetizável e excêntrico em relação à estrutura da linguagem (Fernandes *et al.*, 2015).

Desse modo, os FPS apresentam-se como uma soldagem entre os significantes, uma espécie de escrita ininteligível, dificultando a cifra do sujeito no campo do inconsciente, como se a inscrição recaísse diretamente no corpo "real" (Miller, 2003):

> (...) pode se considerar a escrita psicossomática como um modo de gozo ilícito que escapa à castração e que se relaciona, mais frequentemente, com um traço de perversão

que vem desmenti-la. Somente a invenção do inconsciente, via transferência, tem chance de descompactar a soldagem significante e revelar ao sujeito a fixação de gozo que ele se recusava ceder, esse excesso de gozo, Übertreibung [superpulsão], de cuja responsabilidade ele se esquiva por meio de seu estatuto de doente (Miller, 2003, p. 117 – tradução nossa).

Então, nos FPS, o analista tem dificuldade de ouvir o espaço simbólico do inconsciente que torna o corpo, ao mesmo tempo, morto e erógeno. A palavra só mata a coisa, o significante só pode vir a representar alguma coisa, quando se opera um corte, uma separação, em que a significação se faz presente, em que se instaura um intervalo entre dois significantes, possibilitando, com efeito, a emergência do sujeito do inconsciente.

Como explicitamos anteriormente, a formação do sintoma histérico segue a lógica das formações do inconsciente: oriundo de um conflito entre desejo e moralidade, o sintoma se torna representante do desejo na economia libidinal, enquanto o corpo, tomado em sua dimensão simbólica, se torna um representante da interdição, da proibição advinda das normas culturais que condenariam o sujeito caso ele viesse a realizar seu desejo.

Por outra via, a formação do fenômeno psicossomático aponta para uma ausência de intermediação simbólica em que o corpo, como objeto de gozo do Outro, se faz presente. Portanto, nesses casos, tratamos de sujeitos alienados, não diferenciados em relação ao Outro, de modo que o sujeito desejante não surge como efeito entre as representações inconscientes, por não se encontrar psiquicamente separado.

Aqui há o que Nasio (2012, p. 168) chama de "emassamento de significantes": o significante do desejo da mãe (um S1) não é eficazmente substituído pelo significante Nome-do-pai (um S2), de modo que o sujeito desaparece sob a cadeia significante. Ora, se o sujeito psicossomático precisa "se agarrar" àquilo que faz falta ao Outro materno, seu corpo indicará ao psicanalista, por intermédio da apresentação psicossomática, a impossibilidade de se separar do objeto – objeto *a* – que deveria estar "fora", para então fazer agitar seu desejo.

> Em suma, a filiação Nome-do-Pai torna-se *filiação do objeto* [...] o retorno é a lesão, ou seja, uma variação brusca, súbita, inscrita num órgão, sem remeter a nada senão ela mesma [...] Mas que apelo é capaz de induzir, de desencadear a lesão? [...] como entender a lesão de órgão, a partir de que apelo do desejo do Outro e de que objeto? O apelo é o significante que abre a realidade e a lesão, o objeto que a fecha (Nasio, 2012, p. 77 e 78).

Nasio observa que, diferentemente do que ocorre nas formações do inconsciente em que a resposta ao apelo se dá no nível das representações, tal como a deduzimos do sintoma, do contrário, essa filiação do objeto redunda em "formações do objeto *a*", a saber, "produções psíquicas em que não há referência significante" (Nasio, 2012, p. 28).

Em contraposição às formações dos significantes, esse autor elenca três fenômenos que apontariam para essas *formações de objeto a*: a lesão, a alucinação e a ação (Nasio, 2012). Portanto, a lesão implicada nos FPS indicaria uma posição subjetiva em que a resposta ao apelo do desejo do Outro "não remete a mais nada" (Nasio, 2012, p. 28).

> Esse apelo não é um significante no sentido de um elemento discreto, associado a outros da mesma natureza. Trata-se de um apelo do tipo informe, maciço, tanto no nível do som como da imagem. Trata-se de uma enunciação pura na qual o sujeito é implícito: não há enunciado nem *shifter* no enunciado, isto é, não há enunciado no qual se ouve dizer "eu" ou "tu", nem há *shifter* relacionado ao tempo. Trata-se de *enunciações puras*, quero dizer, sem sujeito do enunciado. O exemplo mais claro de uma enunciação pura é um *grito*, e particularmente um grito de dor [...] Lacan (1986) lhes dá o nome de holófrases, frases condensadas: Há frases, expressões, que não podem ser decompostas e que dizem respeito a uma situação tomada no seu conjunto. São as holófrases. Acrescento que essas holófrases são ligadas à necessidade, ao corpo. Foi por isso que dei o exemplo do grito, do pedido

de socorro – é preciso que haja uma relação nitidamente estabelecida com uma *necessidade* (Nasio, 2012, p. 77 e 78).

Na sequência, apresentaremos uma vinheta clínica em que pudemos identificar uma formação do objeto *a*, sob forma de holófrase, quando da escuta de um sujeito portador de um fenômeno psicossomático.

## 6.5 UM CORPO PARA SE ESCUTAR: O CASO JOANA

Na clínica, observamos que muitos sujeitos portadores de FPS chegam à psicoterapia por indicação médica. Haveria um certo esgotamento dos recursos da medicina para o tratamento dessas afecções e, considerado o aspecto psicogênico na eclosão psicossomática, o médico orienta então o paciente a procurar alívio para sua afecção por intermédio da psicoterapia. A seguir, relatamos o início do tratamento de um sujeito que apresentava diarreia crônica e mal-estar incessante, mesmo ao ser tratado a partir de diferentes intervenções medicamentosas, inclusive no uso de antidepressivos e ansiolíticos.

Diagnosticada como portadora da síndrome do cólon irritável, Joana, uma jovem adulta, nos demandou tratamento por indicação de seu gastroenterologista. Havia desenvolvido dores de barriga acompanhadas de diarreia após o fim de seu último relacionamento.

Joana sempre se angustiava quando seu ex-namorado recebia mensagens no celular. Sabia que se tratava de convites para festas e, como de costume, as noites seriam repletas de bebidas e drogas. No início, acompanhava o ritmo de seu namorado, mas logo percebeu que, quando alterados pelo uso das substâncias, as brigas eram recorrentes e assim poderiam resultar em separação.

Além disso, Joana se queixa de não saber ficar só. Frequentemente sai para bares e boates, no intuito de encontrar "meninos" com os quais troca mensagens. Em relação a isso, já em nosso primeiro contato, relata a dificuldade que tem com o telefone, pois, a cada vibração do objeto, ela se sente ansiosa e os sintomas gastrointestinais se pronunciam. Diz então: "Vibra no celular, vibra na barriga".

Informa que não é criteriosa na escolha de seus parceiros sexuais, pois o que interessa é que eles a queiram. Mas não excessivamente porque senão ela vai embora sem lhes comunicar o motivo. Conta que, quando precisa tomar alguma decisão, em vez de afirmar ou negar, costuma "ganhar tempo" e "empurrar com a barriga". Curiosamente, a parte do corpo onde seu mal-estar faz marca.

Sobre a impossibilidade de recusar, Joana a atribui à ausência de ter ouvido "não" dos pais ao longo da vida. Diz que eles nunca interferiram em suas escolhas; seu pai costumava dizer: "ela sabe o que faz". No entanto, ela se sentia perdida, não sabendo que direção tomar.

A respeito de sua vida pregressa, descreve que na pré-escola sentia-se "torturada" e identifica sua dificuldade em fazer amizades já em tenra idade, mantendo-se sempre calada. Por acordar em cima da hora, sua mãe a obrigava a tomar um copo de leite – "coco de leite", na sua linguagem infantil. Joana diz que o líquido lhe fazia mal, sofria de náusea ao beber, mas não resistia: ingeria a exigência do Outro sob preço de vomitar frequentemente.

Uma vez que a mãe desmentia seu mal-estar, Joana passou a jogar o leite fora no vaso sanitário, dizendo que iria tomá-lo no banheiro enquanto folheava um gibi. Segundo ela, sua mãe nunca desconfiou desse seu estranho hábito de ingerir o alimento onde também dispensa seus restos.

Mais tarde, já adulta, ao se arrumar para o trabalho, sua mãe costumava onipotentemente lhe dizer: "Não vá, minha filha... seu pai lhe dá dinheiro".

## 6.6 ALGUMAS DISCUSSÕES

O corpo responde por Joana: sem se fazer ouvir, ela se vale do ritmo intestinal como modo de lidar com o excesso que a acomete. Como aponta Júlio de Mello, importante expoente brasileiro no campo da psicossomática, dar, receber e reter são ações que entram em jogo nas patologias digestivas (Mello Filho, 2004).

No caso apresentado, a ida ao banheiro consiste em um modo particular de gozo. Como sublinha Lacan (2008a), na analidade é inaugurada a função da oblatividade, sacrifício do sujeito ao oferecer seu primeiro produto, as fezes – uma das formas do *objeto a* – para que, em seguida, a mãe o jogue fora.

Joana pouco pode assimilar e digerir dos seus encontros. Carente de espaço para articular suas vivências, seu corpo manifesta a intensidade dos fluxos que a invadem na forma de uma colite, nas dores de barriga. Na impossibilidade de elaboração, o intestino se apresenta instável, forçando uma separação psiquicamente inconcebível: "A castração torna-se imaginável, digamos, pela experiência cotidiana de separar-se do conteúdo do intestino e mediante a perda do seio materno vivenciada no desmame" (Freud, 2014, p. 70).

No lugar de Joana, seu corpo diz não: aqui o fenômeno psicossomático nos revela uma alteração somática decorrente do campo psíquico. Com a expressão "luto corporal", Mello designa casos como esse, "casos em que o processo do luto se faz através do corpo, através de uma doença corporal que exibe a dor de uma perda que não consegue se efetuar pela via mental" (Mello Filho, 2004, p. 28).

Segundo Mello, o corpo que se apresenta na clínica contemporânea é o corpo real, enquanto, na origem da psicanálise, se tratava do corpo fantasmático, corpo representacional que incidia sobre o discurso dos histéricos. Mas, o autor ressalta que "a psicanálise lida o tempo todo com a dialética entre estes dois corpos" (Mello Filho, 2004, p. 27).

Ao atendermos Joana, consideramos que o espaço de escuta oferecido pelo tratamento psicanalítico visaria criar uma possibilidade para que ela lidasse com a "dialética entre seus dois corpos". Ou seja, procuramos promover um trabalho analítico para fazer existir um inconsciente, onde Joana pudesse articular seu corpo real, seu *soma* em sua dimensão fisiológica, a um corpo psíquico, em que o FPS adquirisse um valor significante, uma representação para o mal-estar que a adoeceu.

A fim de inaugurarmos esse espaço de elaboração, interessamo-nos por dois importantes trechos do relato de Joana. Em primeiro lugar, sob transferência, pudemos escutar o "copo de leite/ coco de leite" como uma holófrase, uma *colite*, intervenção esta que permitiu a vinculação entre seu mal-estar atual e sua história infantil. E, em um segundo momento, pudemos indagar Joana a partir da frase enunciada sem a presença de um sujeito: "Vibra no celular, vibra na barriga".

Lacan se refere aos verbos como importantes elementos em um enunciado, como significantes não tão bestas:

> Pode-se mesmo dizer que o verbo se define por ser um significante não tão besta [...] *nantambesta* quanto os outros, sem dúvida, que faz a passagem de um sujeito à sua própria divisão no gozo, e que ele o é ainda menos quando, essa divisão, ele a determina em disjunção, e assim se torna signo (Lacan, 2008b, p. 31).

Termos linguísticos intermediários, disjuntivos na relação entre um sujeito e um objeto, os verbos indicam uma ação em uma frase. Se tomamos, portanto, o verbo como signo no caso em questão, podemos inferir que tal verbo, *vibrar*, nos permite uma leitura de como se daria a atividade pulsional: "vibra no celular, vibra na barriga". Aqui observamos a ausência de um sujeito capaz de articular os significantes. Apresenta-se, em seu lugar, um "sujeito acéfalo da pulsão" (Lacan, 2008a, p. 171).

A fim de que Joana se apropriasse do seu FPS como um sintoma, ou seja, algo que lhe permitisse a construção de um saber sobre si mesma, passamos a lhe interrogar: o que vibra? Quem vibra?

Celular: um objeto extensivo ao corpo, mas cuja semântica também nos remete à fonte somática, célula. "Vibra no celular": um aparelho interno ao corpo, uma estrutura que comporta uma mensagem biológica, algo que é transmitido como um código transgeracional, como DNA, fora da estrutura da linguagem.

Barriga: localidade anatômica onde a pulsão se satisfaz. Joyce McDougall trata a afecção psicossomática como uma espécie de alucinação do corpo: "Nos estados psicossomáticos, é o corpo que se comporta de maneira 'delirante'; ele 'hiperfunciona' ou inibe funções somáticas normais e o faz de modo insensato no plano *fisiológico*. O corpo enlouquece" (McDougall, 2013, p. 22).

Aqui não é no nível do aparelho psíquico que o pensamento tem lugar, mas no próprio corpo. A barriga responder por Joana significa que, na ausência de representação psíquica para lidar com a pressão pulsional, esse recorte somático ganha o protagonismo. "Empurrar com a barriga": a barriga se torna uma parte do corpo capaz de veicular uma recusa.

> Falemos agora da lesão de órgão. Podemos dizer dela a mesma coisa? Uma lesão de órgão comporta um saber? Eu diria que se tomarmos essa formação como sobrevinda numa conjuntura particular, por exemplo, na qual o Outro encerra e aliena o sujeito, então, sim, a lesão de órgão é, de fato, uma forma de saber, saber do Isso, como Groddeck teria dito. Saber o quê? Eu responderia: saber separar-se justo a tempo (Nasio, 2012, p. 66 e 67).

Fazer-se vibrar: a ação da pulsão, em seu circuito, bascula entre a atividade e a passividade. Nesse circuito, podemos observar uma frase que, decomposta, aponta gramaticalmente para um duplo posicionamento subjetivo, entre voz ativa e passiva, entre sujeito e objeto. É como se a repetição do ato no corpo pretendesse realizar aquilo que não se inscreveu: expulsão e retenção, tentativa de separação de um objeto cuja presença causa angústia.

## 6.7 UMA CONCLUSÃO: PARA SE FAZER CORPO

Conforme afirma Nasio, os pacientes "que sofrem lesões de órgão têm uma narrativa pobre em metáforas, uma narrativa onde não se interrogam, uma narrativa vazia" (Nasio, 2012, p. 68). No trabalho de escuta com esses pacientes, procuramos estabelecer um espaço para que o *soma*, enquanto corpo real, possa ser narrado, vinculado à história do próprio sujeito, como corpo simbólico.

No caso de Joana, o fenômeno psicossomático, concebido agora como sintoma, teria como finalidade a recusa, um modo de "dizer não", enquanto a função paterna falhou em promover o descolamento da mãe, em dizer não à mãe (Lacan, 2003).

O não de Joana é uma forma de agir o *não* contra a fantasia onipotente do Outro materno. Procedimento este que, a partir das intervenções iniciais no tratamento analítico, foi atualizado em sua relação transferencial, como se lhe pudéssemos perguntar afinal: "Qual é o lugar do seu desejo nessa lesão de órgão, nesse seu mal-estar?".

> Uma interpretação, totalmente ao contrário de uma holófrase, é uma palavra cortada, que remete a uma outra. Quer dizer que a interpretação abre cadeias, a holófrase fecha ou, em todo caso, provoca retornos que se fecham sobre si mesmos. A primeira descrição analítica de uma doença psicossomática seria que é *uma lesão que não remete a nada, que se fecha sobre si mesma* (Nasio, 2012, p. 90).

Desse modo, ao nos depararmos com os fenômenos psicossomáticos, encontramos a própria atividade pulsional para a qual o trabalho de se fazer representar psiquicamente é necessário, trabalho para o qual o analista, em transferência, será demandado.

Portanto, sujeitos como Joana chegam à psicoterapia com sua atividade pulsional que ocupa todo o espaço analítico, no *setting*: fala, *actings*, oblatividade expulsiva-retentiva nos pagamentos etc. Isso nos remeteria a uma lógica também presente nos sujeitos compulsivos, naqueles que dizem: "Isso é mais forte que eu".

Em geral, quando consolidada a transferência, se o FPS pode adquirir valor de significante, a maneira de resistência desses sujeitos ao tratamento pode ocorrer tal como na histeria: um questionamento sobre o próprio saber, um não querer saber d'Isso.

Assim, observamos que a abordagem do *corpo psicossomático* para a psicanálise lacaniana opera de modo a fazer existir um inconsciente, onde haja um sujeito desejante obstaculizando o gozo, apontando outros destinos para a satisfação pulsional que recaiu como escrita sobre o corpo real. A direção do tratamento consistiria em viabilizar, dessa forma, uma separação entre os significantes, promover a escuta de um corpo simbólico, para que o fenômeno psicossomático, enfim, possa adquirir o estatuto de um sintoma a ser analisado.

## REFERÊNCIAS

FERNANDES, H. *et al.* Corpo e fenômeno psicossomático na clínica psicanalítica. *In:* **Psicol. rev.**, Belo Horizonte, v. 21, n. 3, 2015. Disponível em: https://pepsic.bvsalud.org/scielo.php?script=sci_arttext&pid=S1677-11682015000300009 Acesso em: 01 maio 2023.

FREUD, S. A moral sexual "cultural" e o nervosismo moderno. *In:* FREUD, S. **Obras completas**. São Paulo: Companhia das Letras, 2015. v. 8, p. 359.

FREUD, S. Inibição, sintoma e angústia. *In:* FREUD, S. **Obras completas**. São Paulo: Companhia das Letras, 2014. v. 17, p. 13.

FREUD, S. O mal-estar na civilização. *In:* FREUD, S. **Obras completas**. São Paulo: Companhia das Letras, 2010a. v. 18, p. 13.

FREUD, S. Os instintos e seus destinos. *In:* FREUD, S. **Obras completas**. São Paulo: Companhia das Letras, 2010b. v. 12, p. 51.

FREUD, S. **Sobre a concepção das afasias:** um estudo crítico. Belo Horizonte: Autêntica, 2013.

LACAN, J. Nota sobre a criança. *In:* LACAN, J. **Outros escritos**. Rio de Janeiro: Zahar, 2003. p. 369.

LACAN, J. **Seminário, livro 1:** os escritos técnicos de Freud. Rio de Janeiro: Zahar, 1986.

LACAN, J. **Seminário, livro 5:** as formações do inconsciente. Rio de Janeiro: Zahar, 1999.

LACAN, J. **Seminário, livro 10:** a angústia. Rio de Janeiro: Zahar, 2005.

LACAN, J. **Seminário, livro 11:** os quatro conceitos fundamentais da psicanálise. Rio de Janeiro: Zahar, 2008a.

LACAN, J. **Seminário, livro 20:** mais, ainda. Rio de Janeiro: Zahar, 2008b.

MCDOUGAULL, J. **Teatros do corpo:** o psicossoma em psicanálise. São Paulo: Editora WMF Martins Fontes, 2013.

MELLO FILHO, J. Entrevista. *In:* **Cad. Psicanal.**, CPRJ, Rio de Janeiro, ano 26, n. 17. p. 23, 2004. Disponível em: https://cprj.com.br/cadernos-depsicanalise-n-17/. Acesso em: 01 jun. 2023.

MILLER, J.-A. Algumas reflexões sobre o fenômeno psicossomático. *In:* WARTEL, Roger *et al.* **Psicossomática e psicanálise**. Rio de Janeiro: Jorge Zahar, 2003. p. 87.

NASIO, J.-D. **Psicossomática:** as formações do objeto. Rio de Janeiro: Zahar, 2012.

SAUSURRE, F. **Curso de linguística geral**. São Paulo: Cultrix, 1969.

# 7 A MARCA DA DOR NO REAL DO CORPO

*Luciane Alfradique*

Nosso campo de partida será para abordar os fenômenos psicossomáticos, articulando com os conceitos freudianos de complacência somática, conversão histérica e sintoma, articulando com um breve percurso na obra de Lacan que apresenta essa temática.

A obra de Freud apresenta, de ponta a ponta, uma reflexão sobre as relações entre o psíquico e o somático. O modelo etiológico da histeria e da neurose atual se constituiu como as primeiras referências da psicanálise para se pensar a participação dos fatores psíquicos nas doenças. Freud não atribui distinção entre o fenômeno psicossomático e a manifestação histérica. Embora Freud jamais tenha criado uma teoria psicossomática, contribuiu para as investigações com o conceito de sintoma, conversão e complacência, empregados para explicar o destino dos afetos na neurose histérica.

## 7.1 DE FREUD A LACAN

Iniciaremos fazendo um retrocesso em Freud (1980a), no momento em que ele marca a diferença entre as psiconeuroses e as neuroses atuais, no texto **A sexualidade na etiologia das neuroses**. Nesse texto, Freud classifica as neuroses em dois grandes grupos: o da neurastenia (mais tarde classificada como neurose atual) e o das psiconeuroses (neurose obsessiva e neurose histérica). Freud afirma que a etiologia da neurastenia estaria presente na vida sexual do paciente que teria dado origem à doença em que não houve ação do recalque, uma vez que não apresenta uma história da vida passada, contrapondo com as psiconeuroses, conforme citação abaixo:

> [...] os eventos e influências que estão na raiz de toda psiconeurose pertencente não ao momento presente, mas a uma época

da vida há muito passada, que é como se fosse uma época pré-histórica-época da infância inicial (Freud, 1986, p. 293).

Mais adiante, no texto **Fragmento da análise de um caso de histeria**, Freud (1980c) utiliza a expressão submissão ou complacência para assinalar a parte afetada do corpo no nascimento dos sintomas histéricos. Para ele, esse processo se daria sobre uma região de sofrimento anterior ou simultânea ao acontecimento traumático. Ele acrescenta que a complacência somática está na base da conversão histérica e afirma que o sintoma histérico não pode produzir-se sem certa submissão efetivada por um processo normal ou mórbido sobre órgão do corpo. O recalcamento é uma condição psíquica da histeria. A conversão como sintoma pode ser total ou parcial, motora ou sensorial e está relacionada com a experiência traumática. O fator característico da histeria não é a divisão da consciência, mas a capacidade de conversão. Na conversão o ego transporta o afeto para o corpo, e o representante do trauma é recalcado, e por isso interpretável.

Mais à frente, Freud (1980b, p. 455), na conferência XXIV, declara que, "[...] quaisquer influências somáticas (normais ou patológicas) causadas por excitações libidinais são preferidas na construção dos sintomas histéricos".

Nesse mesmo texto Freud articula a diferença entre o sintoma na neurose atual e na psiconeurose. Na neurose atual o sintoma é o núcleo. Em contrapartida, no sintoma psiconeurótico observamos a transferência própria da histeria de conversão e da neurose obsessiva, o que não ocorre na neurose atual.

E Freud prossegue em sua construção acerca do sintoma, exemplificando a partir de um caso de dor de cabeça ou dor lombar histérica, afirmando que pelo mecanismo de condensação ou pelo deslocamento o sintoma tornou-se uma satisfação substitutiva das fantasias e recordações.

## 7.2  A PSICOSSOMÁTICA E A PSICANÁLISE

Dando continuidade aos estudos de Freud sobre a participação do psíquico no adoecimento do corpo, tomaremos como referências autores que consideravam as patologias orgânicas como tendo uma etiologia psíquica, utilizamos como referência, o livro **Psicossoma:** Psicossomática Psicanalítica, de Ferraz e Volich (1997). No campo da Psicossomática, em 1913, Paul Federn apresenta à sociedade psicanalítica de Viena um caso sobre um paciente asmático, em que se observa o órgão adoecido, diferente da conversão histérica. Posteriormente, em 1918, o médico alemão Johann Christian August Heinroth foi o primeiro médico a usar o termo psicossomática e a defender a possibilidade de tratamento psicanalítico das patologias orgânicas e tentou elaborar uma nosografia dinâmica e uma tipologia psicossomática.

Em 1926, Sandor Ferenczi discípulo e contemporâneo de Freud em Budapeste introduz o termo neurose do órgão para descrever manifestações específicas (asma, enxaquecas, úlceras etc.) que possuíam uma estrutura diferente das neuroses já pontuadas neste trabalho. Nesse mesmo ano, em Berlim, Felix Deutsch reintroduz o termo psicossomática que foi utilizado por Heinroth em 1918. Deutsch propôs, em 1939, incluir na anamnese médica clássica dados sobre a dinâmica psicoafetiva e da personalidade do paciente. "A patologia psicossomática pode incluir desordens autenticamente orgânicas, diferentemente dos distúrbios conversivos" (Ferraz; Volich, 1997, p. 9). Foi somente com as contribuições de Franz Alexander, Pierre Marty e Michel de M'Uzan, dentre outros, entre as décadas de 1930 e 1950, que este campo se consolidou como elemento investigação científica (Mello Filho, 2010).

Lacan, ao longo de seu ensino, foi demarcando os fenômenos psicossomáticos a partir de seus seminários. Em 1953, no texto **Função e campo da fala e da linguagem em psicanálise**, o autor ainda não tinha estabelecido a diferença entre fenômenos psicossomáticos e as formações do inconsciente. Nesse período, Lacan pensa o fenômeno psicossomático como "algo que objetiva o sujeito em uma linguagem sem dialética, na qual os símbolos do inconsciente aparecem sob formas petrificadas" (Lacan, 1998a, p. 281) que não são assumidas pelo sujeito. E prossegue:

> [...] sintoma aqui é símbolo escrito, é signo que escreve na carne, "na areia da carne", e não é, o traço escrito no inconsciente

é a letra escrita na superfície corporal, local privilegiado no qual se mostra e se vê o rastro do gozo do Outro, os vestígios, as pegadas da passagem do Outro que não se apagaram. É um efeito de linguagem, que "inclui o discurso do outro no segredo de seu código" (Lacan, [1953]1998a, p. 282).

Lacan, no **Seminário 2:** O ego na teoria de Freud e na técnica da psicanálise, ao intervir na discussão entre François Perrier e Valabrega, em sua apresentação deste seminário, deixa clara a distinção entre sintoma neurótico e fenômeno psicossomático. Ele define sintoma neurótico como as construções neuróticas se relacionam às estruturas narcísicas, e a psicossomática estaria no campo do autoerotismo compreendido por ele definido como "massa investida de libido no interior do próprio corpo" (Lacan, 2008a, p. 98) e pelo fato de a pulsão não ter um objeto definido no investimento autoerótico não há distinção entre fonte de objeto (Lacan, 2008a). O sintoma neurótico pertencente ao simbólico (linguagem) faz o deslizamento de um significante ao outro, em oposição, a psicossomática que pertence em nível do real (intraduzível) não faz deslizamento de um significante ao outro. Conclui-se que o sintoma neurótico é constituído por uma mensagem a ser descoberta, ocorrendo o contrário no fenômeno psicossomático, que é da ordem do sem sentido, que não tem como ser decifrado, como já apresentado neste trabalho.

Lacan, no **Seminário 3:** As psicoses, cita Ida Malcapine tentando articular a presença dos sintomas hipocondríacos na psicose, justificando que: "encontra-se aí, sem dificuldade esse algo do particular que está no fundo tanto da relação psicótica como dos fenômenos psicossomáticos" (Lacan, 1985, p. 352).

No **Seminário 11**: Os quatro conceitos fundamentais em psicanálise, Lacan prossegue ao afirmar que é preciso dar sentido ao gozo, que está fixado no paciente psicossomático. Não se trata do sentido imaginário enquanto significado, nem do sentido simbólico enquanto significação, mas do sentido que não desliza, que aponta ao impossível, ao real, ou seja, nos fenômenos psicossomáticos o sintoma está fixado no corpo real, sem mediação do simbólico e do imaginário, é da ordem de um gozo fixado no órgão adoecido que exige um trabalho para a construção de um sentido que o torne decifrável.

"Falar de psicossomática é, na medida em que se deve intervir no desejo, o elo do desejo no sujeito psicossomático conservado, mesmo se não podemos dar conta da função da afânise do sujeito" (Lacan, 1998b, p. 215). E o autor prossegue e define a psicossomática no **Seminário 11** como:

> [...] psicossomática como algo que não é um significante, mas que, mesmo assim, só é concebível na medida em que a indução significante, no nível do sujeito, se passou de maneira que não põe em jogo a afânise[2] do sujeito.

Em Radiofonia, seis anos mais tarde, Lacan acrescenta que o corpo pode portar a marca adequada para situá-lo em uma sequência de significantes. O corpo se constitui a partir do corpo simbólico, o qual unifica o corpo biológico (Lacan, 2001b, p. 108).

> É através da apreensão desse corpo na cadeia de significantes, entrando no discurso, que o sujeito encontrará as funções para o seu próprio corpo, assim o corpo para entrar em função precisa habitar um discurso.

Lacan (2001a, p. 139), na Conferência de Genebra sobre o sintoma, pontua que "o psicossomático é algo que, de todos os modos, está em seu fundamento profundamente arraigado no imaginário". O corpo psicossomático, em princípio, seria da ordem da Medicina, já a Psicossomática Psicanalítica trata deste órgão como do imaginário. O fenômeno psicossomático, enquanto assinatura, implica um corpo, portando um nome próprio, uma marca impressa. Ainda, na Conferência de Genebra, Lacan articula a Psicossomática e a pensa como hieróglifo, como a ideia de uma assinatura, presa em um invólucro, como um cartucho, portanto, um nome próprio que nos monumentos egípcios levavam o nome dos faraós, nomes próprios, significantes do Outro que serviram a Champollion para sua decifração. Nesse mesmo ano, Lacan (2001a) diz estar totalmente de acordo com a colocação de Vauthier ao afirmar que, se a palavra adquirir um sentido para um psicossomático, este, em um gozo fora do simbólico, fixado no corpo real, perderá esse efeito de fixação e vai deslizar na cadeia significante.

---

2    Intervalo entre os significantes S1 e S2, significantes fundamentais.

## 7.3 RECORTE CLÍNICO

Relataremos um fragmento clínico de uma jovem de 20 anos atendida durante quatro anos, que nomeamos de "O sintoma psicossomático: o impossível de se representar":

> O paciente X sofre de eczema grave e "incurável" na região do pescoço e do abdome. Foi encaminhada pelo seu dermatologista para o tratamento psicanalítico, com prognóstico de doença psicossomática agravada por estresse, muito resistente a todos os recursos farmacológicos.
>
> X relata que reconhece que suas crises se intensificam quando fica muito estressada, principalmente em épocas de provas e entrega de trabalho no curso de pós-graduação; relata que está sendo difícil conciliar trabalho e estudo – "fico EXAUSTA".

A analista convoca X a falar sobre o significante "exausta":

> X nunca tinha feito análise e, em muitas sessões, mostra-se resistente a falar em associação livre, fala muito das dificuldades como trabalho e nos estudos, e sobre suas coceiras. Ao final do semestre decide trancar o curso, afirmando que se sentirá menos estressada.

Nesse momento, a intervenção da analista produziu efeito ao pedir que ela falasse um pouco sobre como havia sido sua infância e sua vida escolar.

Nessa sessão, e nas posteriores, a intervenção da analista foi fundamental no desbloqueio dos significantes holofraseados[3] ou melhor dizendo, fixados, sem intervalos na cadeia significante. Lacan (2001a), na conferência de Genebra, evidencia, na Psicossomática, uma inscrição semelhante a um hieróglifo egípcio, difícil de decifrar. Esse enigma precisa de um sentido, e é necessário introduzi-lo em um intervalo na cadeia significante para que o sujeito possa se constituir nesse sofrimento carregado de gozo em que a resistên-

---

3   Holófrase: processo que uma palavra resume; aglutina um sentido de uma frase inteira.

cia impera. Foi necessário todo um trabalho de transferência para que a paciente pudesse suportar sua perda, ressignificar seu luto, ou seja, para que o desejo, enquanto desejo do Outro, desponte para que o simbólico possa operar.

Aos poucos, X foi apresentando fragmentos da sua infância. Contou que era filha única de pais amorosos, atenciosos; teve uma vida escolar satisfatória, porém, no início da pré-adolescência, sofreu uma transformação "trágica" (palavras de X), suas dificuldades escolares tiveram início, pois passou a estudar em uma escola em horário integral. X lembrou que seu corpo começou a se modificar, ganhou peso, pois se alimentava de "muita porcaria", e ficou mais ansiosa, pois ficava muito tempo fora de casa.

Seu corpo começou a passar pela transformação da adolescência e, com esse corpo em transformação, também surgiu o primeiro episódio de eczema na região do pescoço.

Segundo Freud, no texto **O mal-estar na cultura** ([1930]1980), a relação do homem com o próprio corpo apresenta um dos maiores sofrimentos. Embora o corpo tenha um estatuto familiar, é, ao mesmo tempo, estranho e desconfortável, e as transformações, o envelhecimento e a decadência são inegáveis.

Retomando o caso clínico, após trazer um sonho com a mãe, é pedido que X fale um pouco sobre seus pais, foi então que X começou a associar e a trazer, pela primeira vez, a sua história familiar. Lembra que seu eczema surgiu após a mãe receber o diagnóstico de câncer de mama. Diante do sofrimento e da ausência da mãe para os tratamentos e internações, a paciente X passava parte do seu tempo em uma escola de horário integral e recebia os cuidados da avó paterna. Lembra do pai sempre muito triste, silencioso e trabalhando muito.

A mãe de X foi submetida à cirurgia de mastectomia e ao tratamento quimioterápico, mas seu tumor era extremamente agressivo. Dois anos depois apresentou metástase nos ossos e no pulmão. Sua mãe faleceu quando ela tinha 15 anos, quatro anos após o diagnóstico.

Nesse período, o eczema tomou parte de seu corpo, alastrou-se do pescoço para a barriga, as mãos, os joelhos e os cotovelos: "meu corpo todo coçava e ardia" – as feridas estavam principalmente no pescoço e nas mãos.

Podemos supor que essas manifestações psicossomáticas, que tiveram início na pré-adolescência, demonstram como seu luto não elaborado e silenciado encontrou moradia em seu corpo. Suas dores psíquicas se transformaram em feridas abertas como marca no *soma*, onde faltaram palavras a dor se fixou no real do corpo como marca da dor indizível, ou melhor dizendo, o luto não elaborado pela perda da mãe ficou como uma ferida que não cicatriza, para sempre aberta.

X permaneceu em tratamento por cerca de três anos, com sessões iniciais de 2 vezes por semana. Após o segundo ano de análise as sessões tiveram início uma vez por semana, momento em que a paciente decide reabrir a matrícula de seu curso de pós-graduação que havia trancado.

No início do tratamento a paciente apresentou-se bastante queixosa, falava das dificuldades como trabalho e estudo. Nesse segundo momento da análise começa a trazer questões ligadas à dificuldade em se relacionar devido às marcas que o eczema trazia no corpo, principalmente o que estava atrás do pescoço – era uma ferida extensa que a impossibilitava de ter o cabelo curto ou de poder prendê-lo no verão. Também não frequentava lugares de praia ou piscina para não expor as feridas, nesse caso, a do abdome: "Tenho um corpo marcado, olham para minhas feridas com nojo [...] no inverno fico melhor, porém no calor sinto mais coceira e a ferida abre [...] queria morar em um país frio, talvez minha vida seria melhor".

A psicossomática, escrita no corpo, seria algo que exigiria um trabalho analítico, construção de um sentido para tornar-se legível a partir da possibilidade de um trabalho analítico.

E esse trabalho da análise se deu em um longo processo de elaboração do luto, e a reação psicossomática esteve presente tanto no decorrer do tratamento como também no discurso. No entanto, aos poucos, a queixa sobre o eczema foi dando lugar para questões do desaparecimento parcial do eczema, ou seja, as coceiras intensas, as feridas diminuíram. Em relação aos fenômenos psicossomáticos, esses foram tornando-se segundo plano nas sessões e surgindo outras questões com evidente deslizamento da economia de gozo que o eczema sustentava.

Durante um tempo, X conseguiu falar de como tinha sido triste e difícil estar sem a mãe durante a adolescência, e a carência materna se apresenta como uma constante nas sessões.

Havia frases em que a analista era constantemente comparada com a mãe, tais como: "Hoje você está vestida de mãe"; "E como é estar vestida de mãe?", interveio a psicanalista. Ao que a paciente responde: "Vestida de mãe é usar vestido de bolinhas". A analista então pergunta de quais bolinhas ela está falando? E a associação se faz em relação às bolinhas do seu corpo.

Trata-se de um caso de luto pela perda da mãe, em que a direção do tratamento só foi possível pela transferência, lugar que a analista operou como suporte da imagem materna, o que foi essencial ao trabalho, possibilitando supressão parcial da reação psicossomática.

Sabemos, como nos indicou Freud, que a transferência ocupar um lugar central no tratamento psicanalítico é um conceito fundamental para a direção do tratamento. Com a transferência consolidada, o trabalho prosseguiu por mais algum tempo.

Essa análise só se tornou possível sob a transferência, e quando X, por meio da regra única da psicanálise – que é falar em associação livre – pôs-se a falar, nesse instante do encontro com as palavras, operou-se o deslizamento da economia de gozo. Por meio das palavras, os significantes foram se articulando na cadeia e ao fazer uma borda nesse excesso de gozo em que o sem sentido foi se transformando em significante e ganhando sentido em palavras.

Em relação aos fenômenos psicossomáticos, eles foram tornando-se segundo plano nas sessões e surgindo outras questões com evidente deslizamento da economia de gozo que o eczema sustentava, e as crises já não eram tão frequentes.

## 7.4 CONSIDERAÇÕES FINAIS

O fenômeno psicossomático exigiu de Lacan uma aproximação aos múltiplos significantes que surgem em suas pontuações: autoerotismo, hipocondria, holófrase, hieróglifo, escrita, número, nome próprio, cartucho, enigma e gozo específico. Mas, nessa rigorosa construção teórica, há toda uma enunciação para uma direção da cura que tem sido um desafio aos analistas.

Dessa forma, podemos entender que o fenômeno psicossomático é um aspecto de uma estrutura que engloba o corpo do sujeito, sua história e o contexto de relações atuais.

Há muito que refletir diante do desafio permanente da clínica dos pacientes psicossomáticos, escutar o sofrimento psíquico na individualidade, desse corpo que adoece sem palavras, em que a lembrança fica impressa, fixada no real do corpo.

Consideramos que o corpo adoece porque o campo da palavra foi excluído, porque o psíquico não conseguiu simbolizar. Adoece o corpo real que não encontra palavras para simbolizar a dor do sofrimento psíquico. A análise surge como um recurso ao sem sentido do real, possibilitando fazer uma borda e uma travessia em direção ao simbólico. O histérico fala por meio de seu corpo, o paciente somático sofre no seu corpo. O corpo é, para o primeiro, um instrumento de linguagem; para o segundo, é uma vítima. A desordem psicossomática é vazia de significação simbólica.

A somatização surge diante do silenciamento em que as palavras se tornaram impedimento, a direção do tratamento surge a partir da possibilidade da cadeia significante e do deslizamento dos significantes, só assim esse enigma fixado no corpo poderá ser decifrado.

## REFERÊNCIAS

FERRAZ, F. C.; VOLICH, R. M. (Orgs.). **Psicossoma, psicossomática e psicanálise**. São Paulo: Casa do Psicólogo,1997.

FREUD, S. **A sexualidade na etiologia das neuroses**. Edição standard brasileira das obras psicológicas completas de Sigmund Freud, Rio de Janeiro: Imago, 1980a. v. III.

FREUD, S. **Conferência XXIV de 1916/1917:** o estado neurótico comum. Edição standard brasileira das obras psicológicas completas de Sigmund Freud, Rio de Janeiro: Imago, 1980b. v. XVI.

FREUD, S. Estudos sobre a histeria (1898). *In:* FREUD, S. **Obras completas de Sigmund Freud**. Edição Standard Brasileira. Tradução de Jayme Salomão. Rio de Janeiro: Imago, 1986. p. 293.

FREUD, S. **Fragmento da análise de um caso de histeria**. Edição standard brasileira das obras psicológicas completas de Sigmund Freud, Rio de Janeiro: Imago, 1980c. v. XI.

FREUD, S. **O mal-estar na cultura**. Edição standard brasileira das obras psicológicas completas de Sigmund Freud, Rio de Janeiro: Imago, 1980. v. XX.

LACAN, J. **Conferência de Genebra sobre o sintoma**. São Paulo: Opção Lacaniana, 2001a. n. 23.

LACAN, J. Função e campo da fala e da linguagem em psicanálise. *In:* **Escritos**. Rio de Janeiro: Jorge Zahar, 1998a. p. 238-324.

LACAN, J. Radiofonia. *In:* **Outros escritos**. Rio de Janeiro: Jorge Zahar, 2001b.

LACAN, J. **Seminário, livro 11:** os quatro conceitos fundamentais da psicanálise. Rio de Janeiro: Zahar, 1998b.

LACAN, J. **Seminário, livro 2:** os quatro conceitos fundamentais da psicanálise. Rio de Janeiro: Zahar, 2008.

LACAN, J. **Seminário, livro 3:** as psicoses. Rio de Janeiro: Zahar, 1985.

MELLO FILHO, J. **Psicossomática hoje**. 2. ed. Porto Alegre: Artmed, 2010.

# 8 DISTÚRBIOS PSICOSSOMÁTICOS NA CLÍNICA WINNICOTTIANA: DA TEORIA À PRÁTICA

*Maria Angélica Gabriel*

> A criança que não teve uma pessoa para recolher seus "pedaços" começa sua própria tarefa de autointegração com uma deficiência e pode não ser capaz de realizá-la com sucesso ou, pelo menos, não ser capaz de mantê-la de forma confiável.
>
> (Winnicott, 2000, p. 220)

## 8.1 INTRODUÇÃO

Ao buscar a compreensão do processo de somatização à luz da teoria de Winnicott, é preciso se debruçar em conceitos fundamentais do processo de desenvolvimento humano e nos desvios desse processo que desencadeiam as patologias psíquicas e somáticas descritas pelo autor.

Winnicott dedicou seus estudos, pesquisas e práticas à compreensão da natureza humana e ao desenvolvimento da teoria do amadurecimento emocional. Após formação em Medicina (Pediatria) e um número significativo de crianças atendidas, Winnicott se interessou pelo estudo da psicanálise infantil. Inicialmente, dirigiu seus estudos com base na leitura de Freud; posteriormente, integrou o *Middle Group*, Escola Britânica de Psicanálise, junto de Melaine Klein, desenvolvendo seus estudos pela Teoria das Relações Objetais. Seguiu suas pesquisas em psicanálise, interessando-se pelos escritos de Aichhorn, Anna Freud, Alice Balint e outros. Na clínica, analisou muitas crianças em hospitais e em seu consultório particular. Em seguida, interessou-se por adultos com um número significativo de casos atendidos com psicoterapia de longa data e psicoterapia breve. Winnicott evitou casos de tendência antissocial no início da sua carreira, mas, por conta do trabalho com crianças, durante a Segunda Guerra Mundial, interessou-se pelo comportamento delinquente de crianças que tinham perdido tudo e todos na guerra, o que deu origem à teoria sobre tendência antissocial. Nessa mesma época, descobriu que poderia tratar de adultos psicóticos, e assim o fez. Outra atividade relevante de Winnicott foi em orientação de pais, o que considerava uma das tarefas mais difíceis em sua carreira (Mello Filho, 2001).

Desde o início dos seus estudos, Winnicott apontou para um movimento da integração do corpo com a psiquê no processo de amadurecimento emocional, essa é a tarefa do bebê: integrar corpo e psiquê em uma unidade. Para Winnicott, corpo e psiquê são coexistentes nos primórdios do desenvolvimento, porém não integrados. Sendo assim, ele fez significativa diferença entre psiquê, corpo e mente, mostrando as diversas etapas para que uma pessoa amadureça até a integração psicossomática. Esse é o alvo deste estudo teórico para compreensão dos distúrbios psicossomáticos.

Ao desenvolver este capítulo para compreensão da Clínica Psicossomática, optou-se por um recorte na teoria do amadurecimento emocional do autor, especificamente o início de vida de um ser e o processo de integração da psiquê com o corpo (*soma*) e a formação (ou deformação) da mente. Para ilustrar o desenvolvimento da integração psicossomática e compreender o adoecimento do corpo, será apresentado um caso clínico ilustrativo de uma paciente jovem hospitalizada com um tumor maligno agressivo, a qual evoluiu para óbito.

## 8.2　A TEORIA DO AMADURECIMENTO EMOCIONAL

Winnicott desenvolveu a Teoria do Amadurecimento Emocional que parte do princípio de que todos nós nascemos com uma tendência ao amadurecimento, o que chamou de tendência à continuidade do ser, e que o ambiente em que o bebê está inserido pode favorecer ou dificultar tal desenvolvimento. Destaca que a relação com a mãe (ou substituto que tem o papel de cuidar do bebê) é de suma importância para a compreensão do desenvolvimento, da saúde e da doença (Dias, 2017).

Para Winnicott, o bebê nasce completamente dependente da mãe-ambiente, o que ele chamou de estágio de dependência absoluta. Nesse estágio do desenvolvimento, o bebê não tem a menor noção de que o ambiente/mãe é algo diferenciado dele; para ele, mãe-bebê é uma unidade, os dois são um só. Winnicott diz que "o bebê não existe", referindo-se ao bebê não existir enquanto um indivíduo; o que existe nesse momento inicial de vida é a unidade "mãe-bebê" (Dias, 2017).

À medida que o bebê vai amadurecendo, ele é capaz de perceber o Eu e o não Eu, o Eu e o Outro, e, assim, alcança, em estágio posterior, a percepção de que ele é uma pessoa e a mãe é outra. Para isso, Winnicott afirma que tem de correr tudo bem na relação mãe-bebê, pois o bebê passa por etapas de amadurecimento emocional e, em cada uma delas tem conquistas a fazer, tem tarefas a cumprir para amadurecer de forma saudável (Winnicott, 1990).

A forma como se estabeleceu a relação mãe-bebê no início de vida é determinante para a organização do indivíduo, em suma, da percepção que tem de si, do seu corpo, da sua existência e do meio externo. É mediante o processo de amadurecimento emocional, pela relação mãe-bebê, que tem início a existência humana (Winnicott, 1990).

Winnicott dizia que, para um desenvolvimento humano saudável, é preciso ter um ambiente favorável, que proporcione cuidados para o desenvolvimento físico e emocional. Os analistas winnicottianos compreendem que não é o bebê que tem de se adequar ao ambiente, mas que os cuidados da mãe (do cuidador) precisam se adequar às necessidades do bebê no início de vida. A mãe precisa perceber seu bebê, entender o que ele necessita e prover o necessário. Uma mãe que percebe o seu bebê oferece o que ele necessita e é capaz de ajudá-lo na percepção e na relação com o mundo, é o que Winnicott classificou de "mãe suficientemente boa" (Winnicott, 1990).

É importante notar que a "mãe suficientemente boa" não é aquela que atende a todos os desejos do bebê, mas aquela que percebe o seu filho se adapta às suas necessidades iniciais, aquela que desenvolve as capacidades do bebê para se perceber como diferenciado dela e venha a ter autonomia, ou seja, ser no mundo. A mãe "suficientemente boa" comete alguns erros nos seus cuidados, o que Winnicott nomeou de "falhas" e, ao permitir-se falhar, ela permite ao seu bebê percebê-la como um outro que não é ele, que a mãe não é uma satisfação de todas as suas necessidades de forma onipotente, e, assim, a mãe torna possível o desenvolvimento do bebê, a percepção de si e do outro diferente dele, o que implica entender o mundo como diferenciado e integrado (Mello Filho, 2001).

Voltemos ao início do desenvolvimento maturacional para compreensão da unidade *psicossoma*. Assim que o bebê nasce, a mãe, por meio de seu narcisismo, imaginação e memórias, identifica-se com o bebê e desenvolve uma relação simbiótica com o mesmo, o que foi chamado de "preocupação materna primária" por Winnicott. Tal relação, no início de vida, é essencial ao desenvolvimento maturacional do novo ser. É importante que, nesses momentos iniciais de vida, a mãe tenha capacidade de acolher, de sustentar seu bebê, o que Winnicott chamou de *holding*, que é um importante fenômeno da teoria winnicottiana, é um movimento da mãe para o bebê, que proporciona um ambiente seguro para ele; o seu significado vai além de "segurar o bebê", o *holding* é uma forma de amar, de viver com, ou seja, é um suporte essencial no estágio de dependência absoluta. Com essa preocupação e envolvimento da mãe com o bebê, ele poderá desenvolver seu próprio ego e a segurança que permitirá o reconhecimento de si próprio como uma pessoa inteira e diferente das outras, que é chamado de integração. Para Winnicott, o *holding* é um fenômeno que propicia à criança a possibilidade de evoluir para a integração do Eu (Mello Filho, 2001).

A criança vai reconhecendo as partes do seu corpo como suas com o auxílio da mãe, que toca e carrega, que acolhe todas as partes em seus braços, e assim entende que essas partes estão ligadas e formam o seu corpo. Nesse estágio, o bebê é capaz de perceber que todas as suas partes são um único corpo. Para que o bebê integre, perceba-se como uma unidade, para que este estado de consciência de si e do corpo ocorra, é indispensável que os cuidados maternos sejam praticados de forma a facilitar a construção da pessoa. A mãe, ao tocar e acariciar o seu bebê, promove uma organização do *soma* (corpo) com a psiquê (Araújo, 2003). Contudo, para que essa experiência de integração aconteça, é preciso que a mãe (ou quem cuida) tenha condições de oferecer um cuidado materno que promova a sensação de integração: o segurar, o banhar, o higienizar, bem como os movimentos próprios do bebê, como excretar, arrotar, mamar e outros sejam sentidos e percebidos como experiências corporais. Uma mãe que não tem disponibilidade interna para esses cuidados oferta um ambiente desfavorável ao desenvolvimento emocional do seu bebê (Dias, 2017).

## 8.3 PROCESSO DE ALOJAMENTO DA PSIQUÊ NO CORPO

O tema corpo se destaca para Winnicott, porque ele não enfatiza as questões metafísicas da época, e sim parte de observações clínicas de bebês e postula que, no início de vida, a criança não percebe o corpo de forma representacional ou verbal, mas a criança experiencia a vida por meio de situações e encontros com esse corpo (toques, banho, carícias etc.). Se o ambiente oferece sustentação e cuidados necessários, as experiências somáticas podem ser elaboradas com sucesso, considerando que o bebê é naturalmente criativo e, por isso, ele pode elaborar criativamente essas experiências somáticas, que, inicialmente, como se leu, se apresentam de forma fragmentada. Dessa forma, o bebê evolui até compreender que as partes do seu corpo estão integradas e, assim, acontece a personalização, **o alojamento da psiquê no corpo** (Dias, 2017).

Nesse processo de desenvolvimento emocional, observa-se a importância do que Winnicott nomeou de *handling*, definido como o manuseio, o segurar fisicamente o bebê. O *handling* é parte do *holding*, que seria um sustentar total. O bebê precisa experienciar esse contato com o colo da mãe, perceber que está vivo, que tem sensações de ritmo, temperatura, luminosidade e outras percepções corpóreas. Desse modo, a subjetividade vai habitando no corpo do bebê, o seu Eu pessoal está contido pelo limite da pele, e, assim, diferencia-se o mundo interno do mundo externo. A percepção subjetiva do corpo, a psiquê habitando no corpo pelas sensações corpóreas, é o que promove a integração psicossomática: a subjetividade e o corpo físico se integram em uma unidade (Dias, 2017). Winnicott afirma que "em circunstâncias favoráveis, a pele se torna o limite entre o eu e o não eu. Dito de outro modo, a psiquê começa a viver no soma, e uma vida psicossomática se inicia" (Winnicott, 1983, p. 60).

Entende-se, então, que o corpo em Winnicott não é meramente físico, o corpo é uma experiência viva, uma experiência singular, que demanda de quem cuida uma sensibilidade para perceber as necessidades corpóreas do bebê para o desenvolvimento saudável e para a integração psiquê-soma.

A saúde física, a saúde do corpo, "implica o funcionamento físico adequado à idade da criança e à ausência de doenças" (Winnicott, 1990, p. 26). Em estudos posteriores, Winnicott sustenta: "a avaliação e a medida da saúde corporal é medida pelo pediatra, quer dizer, a saúde corporal como funcionamento do corpo não perturbado pelas emoções, pelo conflito emocional ou pela fuga de alguma emoção dolorosa" (Winnicott, 1990, p. 26).

Winnicott ressalta que houve um avanço no diagnóstico e no tratamento dos distúrbios corporais, e que encontramos um significativo número de "médicos que lidam com os males do corpo procurando conhecer também os modos pelos quais as funções corporais são perturbadas por coisa como ansiedade ou por um cuidado familiar deficiente" (Winnicott, 1990, p. 27).

Sintetizando, o amadurecimento emocional é a realização de tarefas de desenvolvimento, é a evolução da não integração para a integração. Para que haja integração corpo e psiquê, pressupõe-se uma série de conquistas até a personalização, a conquista de uma unidade psicossomática. Essa conquista não é definitiva, permanente e intacta, ela é parte de um processo, um processo relacional, logo na relação com o meio pode se perder ou pode evoluir.

## 8.4 PSIQUÊ, SOMA E MENTE

Como já dito, *soma* e psiquê coexistem desde a vida intrauterina, pois o bebê já tem sensações a partir da formação do sistema nervoso; então, a voz da mãe, os batimentos cardíacos etc. já promovem sensações no corpo do bebê, porém existe um inter-relacionamento de complexidade crescente entre ***soma*** e **psiquê** que se dá ao longo do amadurecimento do indivíduo.

Para Winnicott, psiquê e mente não são sinônimos. A mente não existe enquanto uma entidade, nem existe desde o início de vida do bebê. A mente é uma especialização, um modo de operar, que se desenvolve posteriormente. A mente é um modo operante da parte psiquê da unidade psicossomática (Winnicott, 2021a).

Recapitulando, a psiquê é o "colorido semântico" dado às sensações corporais, desde a vida intrauterina. Esses coloridos semânticos são o que Winnicott considerou como elaboração imaginativa das experiências corporais. Não é representação, não é desejo ainda, é um sentido que é dado às experiências no corpo. Fica evidente que, quando isso ocorre, já não tem mais só o corpo, tem um sentido, tem uma sensação associada ao corpo, dando início assim à vida psíquica.

De início, essa elaboração imaginativa das experiências corporais é muito primitiva, são associações sem muita complexidade, entretanto, à medida que ocorre o amadurecimento emocional, ela se torna mais complexa, e vai se diversificando, dando origem ao desejar, fantasiar, sonhar. Isso é a psiquê. A psiquê não existe como elemento separado do corpo, desenvolve-se na relação com o *soma* e se integra com ele em uma unidade indissociável.

Segundo Winnicott (2021a), a mente é um caso especial do funcionamento do psicossoma. A mente é uma função específica da psiquê que possibilita compreender, interpretar e organizar experiências vividas. A mente, diferentemente da psiquê, não existe desde o início da vida humana, ela demora a aparecer. A mente só vai aparecer quando a criança se sentir frustrada frente a uma necessidade e precisar pensar sobre o que está acontecendo; neste momento, será requerido o desenvolvimento cognitivo. Isso é saudável, desde que o bebê já tenha alcançado segurança e maturidade para viver essa frustração da falha do ambiente. Para tanto, ele precisa conseguir reconhecer o que é Eu e não Eu. Quando o bebê é frustrado antes de estar preparado para lidar com frustrações, quando ainda não tem clara a existência do Eu e do Outro, pode desenvolver uma hipertrofia da mente, pois a criança se vê obrigada a entender, em razão do desespero, aquilo que está acontecendo. Frente a esse desespero, o bebê cria teorias explicativas do que está acontecendo, ao invés de compreender naturalmente a sua vivência. Em tais casos, a mente, ao contrário de ser um instrumento de percepção da realidade, passa a ser um escudo contra a realidade. A mente, como defesa contra o desespero do incompreensível e como uma forma de sobrevivência, assume o cuidado da psiquê-*soma* no lugar do ambiente, que teria essa função.

Nos casos em que tudo corre bem e o bebê é frustrado quando tem maturidade para tal, a mente não ocupa o lugar do ambiente, mas ela permite a compreensão, e o bebê fará uso das falhas relativas do ambiente para aprender a lidar com frustrações, o que representa o desenvolvimento saudável (Winnicott, 2021a).

Para que o amadurecimento se dê de forma normal, sem problemas, é preciso que o bebê desenvolva a confiança no meio (mãe), e para isso é necessário que haja uma repetição dos cuidados maternos. Com a constância, a criança vai percebendo que o cuidado é certo, que vai acontecer. Com isso, a criança vai desenvolvendo a noção de tempo, de espaço e reconhecendo o Eu e o Outro, tendo a experiência de si mesmo e da mãe como um objeto externo a ele (o Eu e o Outro). O bebê amadurece, vai associando, relacionando-se, conectando-se e fazendo a relação de "se..., então..." (mente), as experiências vão lhe dando a possibilidade de previsibilidade, vão dando sentido a ele e ao mundo. Dessa forma, a relação do "se..., então..." vai lhe dando tranquilidade, por exemplo, como a mãe amamenta seu bebê com periodicidade x, então o bebê aprende a esperar, porque é certo que a amamentação virá, o que lhe dá tranquilidade, pois o funcionamento mental é favorável ao bebê, visto que lhe dá previsibilidade, segurança e certeza de que sua necessidade será atendida. Caso contrário, ou seja, quando o bebê é submetido precocemente, e repetidas vezes, a situações que não compreende, isso gera significativa agonia, uma sensação de que não será atendido em sua necessidade, portanto, neste momento, o processo mental age como uma defesa e se coloca como o ambiente, a mente usurpa o lugar do ambiente e cria um "se..., então..." próprio, dificultando o processo de interação com o ambiente e consigo mesmo. O indivíduo adoece, pois o meio não é confiável, ele precisa criar um "se..., então..." próprio, desvinculado do meio ambiente e passa a se proteger dele.

No trecho a seguir, Winnicott explica o funcionamento adequado da mente para o desenvolvimento saudável:

> Há, sem dúvida, outras maneiras pelas quais a mente se desenvolve. É função da mente catalogar eventos, acumular memórias e classificá-las. Pela mente, a criança é capaz de usar o tempo como forma de medida, e também medir o espaço. A mente também relaciona causa e efeito (Winnicott, 2005a, p. 9).

## 8.5 A SAÚDE FÍSICA E A SAÚDE PSÍQUICA

Para Winnicott, a saúde física tem base em uma hereditariedade e em uma criação suficientemente boa. No caso da saúde, os acidentes e as falhas do ambiente acontecem, porém são superados pela criança, já que ela conseguiu compreender e se adaptar às falhas do ambiente, que aconteceram em um momento em que a criança já tinha maturidade para compreendê-las, além de que não foram muitas, nem repetidas.

> A saúde física requer uma hereditariedade (*nature*) e uma criação (*nurture*) suficientemente boas. Na saúde, o corpo funciona de acordo com a faixa etária adequada. Acidentes e falhas do ambiente são enfrentados e as consequências negativas desaparecem com o tempo. O desenvolvimento prossegue com o passar do tempo e, gradualmente, a criança se desenvolve e se transforma no homem ou mulher, nem cedo demais, nem tarde demais (Winnicott, 1990, p. 29-30).

Da mesma forma que a saúde física, a saúde psíquica vai ser avaliada considerando o desenvolvimento emocional, caminhando para a maturidade. A saúde psíquica corresponde a um indivíduo emocionalmente maduro, de acordo com sua idade. O caminho do amadurecimento emocional parte do reconhecimento de si e do outro como sujeitos integrados que caminham para a relação de responsabilidade para com o ambiente. Tal como a saúde física, a saúde psíquica, a maturidade emocional é complexa, e Winnicott entende, em um momento de seus estudos, que o sentido de saúde não se resume ao oposto de anormalidade. Winnicott separa esses dois conceitos, quando propõe que a diminuição da saúde, quando devido a questões emocionais, não indica necessariamente anormalidade (Winnicott, 1990).

## 8.6 OS DISTÚRBIOS PSICOSSOMÁTICOS EM WINNICOTT

Winnicott, Shepherd e Davis (1994) fazem uma distinção clara de casos psicossomáticos verdadeiros e problemas clínicos universais, que não são considerados distúrbios psicossomáticos:

> Estará evidente que estou fazendo uma distinção entre o caso psicossomático verdadeiro e o problema clínico quase universal do envolvimento funcional nos processos emocionais e conflitos mentais. Não chamo necessariamente de caso psicossomático uma paciente minha cuja dismenorreia está relacionada a componentes anais na organização genital, nem tampouco o homem que tem de urinar urgentemente em certas circunstâncias. Isso é apenas a vida e faz parte do viver (Winnicott; Shepherd; Davis, 1994, p. 84).

Os pacientes portadores dos verdadeiros distúrbios psicossomáticos sofrem uma falha grave no percurso do seu amadurecimento emocional. Devido a muitas falhas do ambiente no início do desenvolvimento, eles apresentam interrupções ou deformações no processo de integração do Eu, não alcançando, de forma adequada, a posição EU SOU, ou seja, no curso do desenvolvimento por repetidas falhas ambientais, o novo ser organiza o Ego de forma frágil, ou seja, há um estabelecimento débil da morada da psiquê no corpo. Nestes casos, constata-se que houve algum problema no processo de personalização, uma confusão no reconhecimento do *self* no corpo, deixando a pessoa predisposta à desintegração, impossibilitando-a de se perceber como uma unidade psiquê-soma, como um ser integrado em que a psiquê habita no corpo (Winnicott; Shepherd; Davis, 1994).

Dessa forma, podemos compreender que a doença psicossomática se apresenta como um lembrete para manter a unidade psiquê-*soma*. Isso significa que, no início de vida, por falhas sequenciais do ambiente, não houve integração psiquê-*soma*, ou, se houve, foi muito precária. O sintoma simboliza a falta de apoio, de cuidados adequados à necessidade do bebê oferecidas pela mãe (ou um substituto) no início de sua vida. O processo de adoecimento sinaliza a busca de integração, uma necessidade de tornar o corpo perceptível e não perder completamente o vínculo psicossomático. A doença marca a existência do corpo. O corpo doente está ali, é objetivamente percebido.

Quando falta *holding* adequado, ou seja, quando a mãe não se identifica com a criança e não promove a satisfação de suas necessidades básicas, haverá uma ansiedade inimaginável, uma agonia impensável, é claramente um desespero, que pode ser descrito em uma sensação de "ser desfeito em pedaços", "em cair para sempre", "em completo isolamento com inexistência de qualquer forma de comunicação", uma "disjunção entre psiquê e *soma*", similar a uma "experiência de morte ou perda de orientação". Entenda-se que é mais que uma ansiedade, é uma "agonia impensável", é um desespero. O bebê, para se defender desse ataque da falha ambiental, utiliza uma de suas "armas", que é a dissociação, a mente é precocemente utilizada por ele para tentar substituir o ambiente, e fica dissociada do corpo psíquico e, assim, a ancoragem passa a ser a mente e não o corpo vivo. Nessas situações, os sintomas e as doenças conduzem a psiquê a voltar a se relacionar com o *soma* (corpo) e, nesse momento, existe uma chance de que as forças integradoras tenham êxito. Para Winnicott, um elemento físico da doença leva a doença psíquica de volta para o corpo, o que evita uma fuga puramente intelectual, que levaria o indivíduo a perder uma parte do vínculo entre a psiquê e o soma (Winnicott; Shepherd; Davis, 1994).

## 8.7 DISTÚRBIO PSICOSSOMÁTICO: O NEGATIVO DO POSITIVO

Winnicott afirma que "a enfermidade psicossomática é o negativo de um positivo" (Winnicott, 1990, p. 88), e o positivo diz respeito à **conquista de um si mesmo integrado**. A ideia de um "negativo do positivo" se refere não somente à existência no indivíduo de uma dissociação – contrária à realização da integração – mas também ao fato de que há uma defesa operando a fim de manter algum tipo de ligação psiquê-*soma*, ainda que a integração propriamente dita não possa acontecer. O corpo doente representa a existência do corpo, possibilitando experienciar esse corpo por meio da doença.

Essa cisão no psiquê-*soma*, que forçosamente o indivíduo mantém uma relação da psiquê com o corpo por meio da doença física, é um fenômeno regressivo. O fracasso ou a incerteza da morada da psiquê no corpo resulta na despersonalização, na medida em que a morada pode ser perdida.

> A enfermidade psicossomática é o negativo do positivo, sendo esse último a tendência no sentido de integração em vários de seus significados, inclusive aquele a que me referi como personalização. O positivo é a tendência herdada que cada indivíduo tem de chegar a uma unidade da psiquê-soma, uma identidade experiencial do espírito, ou da psiquê, e da totalidade do funcionamento físico (Winnicott, 1990, p. 88).

Winnicott (1990) relata que o transtorno psicossomático se relaciona a um ego fraco com uma debilidade na posição EU SOU. Há falhas significativas no alojamento da psiquê no corpo e/ou a percepção do mundo, que se tornou hostil e agora é repudiado pelo indivíduo. Nesses casos, a mente em uma organização defensiva, faz uma cisão entre o corpo e a psiquê, sendo essa a única forma de não ser aniquilado, trazendo assim sérios prejuízos no EU SOU (estágio de integração do corpo e da psiquê).

Sintetizando, o transtorno psicossomático é entendido como uma cisão na personalidade, por conta do frágil vínculo da psiquê com o *soma* e/ou uma cisão organizada na mente em defesa da perseguição de um mundo repudiado. De ambas as formas, permanece no indivíduo um esforço para não perder inteiramente a unidade psicossomática por meio do adoecer o corpo.

Entende-se, aqui, que há um valor positivo no transtorno psicossomático, visto que a doença faz uma vinculação da psiquê com o corpo, uma vinculação psicossomática como forma de manter a unidade psicossomática.

Para melhor compreensão da teoria do amadurecimento emocional e as falhas do ambiente nos primórdios da vida humana como base para a desintegração psicossomática ou, na pior das hipóteses, para o não alcance da integração, será analisado o caso clínico de jovem paciente hospitalizada em fase terminal, que desenvolveu artrite reumatoide desde a infância e, posteriormente, um tumor maligno extremamente agressivo nos órgãos sexuais na idade adulta, evoluindo para metástase e morte.

## 8.8   ESTUDO DE CASO

Fábia tinha 31 anos, portadora de artrite reumatoide desde longa data, internada na ala de pacientes oncológicos (tumor maligno no aparelho genital com metástase para genitália externa e órgãos internos) em um hospital geral da cidade em que residia. Apresentou-se com corpo franzino, discurso bem articulado, clareza na fala, sorridente e com clara negação da gravidade do seu caso. Relatou bom relacionamento com colegas do trabalho e da faculdade. Fábia é a filha mais velha de uma prole de quatro.

Em entrevista, a mãe da paciente relatou que Fábia tinha duas irmãs e um irmão. Joana, a sua irmã um ano mais nova, nasceu no dia do seu aniversário. Com o nascimento de Joana, a mãe teve de se dedicar ao bebê e percebeu como era difícil cuidar de duas crianças pequenas. Quando Joana começou a crescer, a mãe notou comportamentos de ciúme e inveja por parte de Fábia, que começou a expressar claramente o seu ódio pela irmã. A mãe narrou que Fábia tinha uma relação muito difícil com Joana e com os pais, dizendo que todos gostavam mais de Joana do que dela. A mãe considerava que Fábia se sentia inferior porque a irmã se desenvolveu, era muito bonita, e Fábia ficou miúda e não era muito bonita. A mãe diz que Joana tinha o cabelo comprido e cacheado, enquanto Fábia era magra e tinha o cabelo crespo. Fábia não gostava do seu cabelo nem do seu corpo. Na adolescência, apresentava comportamentos verbais e físicos destrutivos dirigidos à irmã (desqualificando sua roupa, sua maquilagem etc., isso acontecia, normalmente, quando sabia que Joana ia sair com algum rapaz). Já adulta, negava a existência da irmã. Não falava com ela, entrava em casa e ignorava a sua presença.

Joana teve um filho aos 25 anos, que chamava Joana de mãe e chamava Fábia de "mãe pequena".

Aos 10 anos de idade, Fábia desenvolveu artrite reumatoide e passou a sofrer de fortes dores no corpo, tendo de tomar muitos medicamentos para suportar as dores, que perduraram até o dia da sua morte. Quando adulta, passou a se preocupar muito com a saúde da sua mãe, que era hipertensa. Telefonava três vezes por dia para saber se ela estava bem, embora a relação das duas fosse difícil. Fábia tinha amizades fortes, mas não duradouras. Dizia ressentir-se da desorganização de viver com quatro gerações na mesma casa (avós, pais, irmãos e sobrinhos), manifestando o desejo de morar sozinha. Na época da sua internação hospitalar, Fábia dividia o quarto com a irmã Joana e ficava muito irritada quando as irmãs mexiam em suas coisas. Suas roupas eram de qualidade acima do padrão da sua família e, segundo a mãe, ela não emprestava nada às irmãs. O filho da irmã, Thiago, chamava Fábia de "mãe pequena" e a mãe biológica, Joana, de "mãe". Ela não falava com a irmã Joana, todavia, mantinha forte relacionamento como o filho dessa irmã, seu sobrinho Thiago, tendo-o como um filho. A mãe informou que Fábia não falava sobre sua religião (umbandista) nem sobre sua doença (artrite reumatoide) no ambiente de trabalho por entender que poderia ser mal interpretada pelos colegas. Por esse motivo, submetia-se aos tratamentos em outros contextos de saúde para não tomarem ciência.

A mãe conta que Fábia tinha um péssimo relacionamento com ela, porque dizia que a mãe sempre preferiu a irmã por ser mais bonita. Pouco se falavam, e a mãe não sabia de quase nada da sua vida. Nunca levou amigos em sua casa, dizia que tinha vergonha da casa e da família. A mãe relatou que Fábia lastimava nunca ter tido um dia de aniversário só seu, porque sempre foi comemorado junto ao da irmã.

Além disso, a mãe passou muito mal durante a gravidez da irmã Joana, reiterando que, de fato, não pôde dar muita atenção a Fábia. Repete-se: a irmã Joana nasceu de parto normal no dia do aniversário de Fábia, que não teve aniversário de um ano, em razão de a mãe ir para o hospital para o parto da irmã (narrou que estava com nove meses de gravidez e não tinha como pensar em festa de um ano de Fábia). Depois, aos dois anos, Fábia teve sua festa de aniversário junto ao aniversário de um ano da irmã, e assim seguiram todos os anos da sua infância.

Ela não conseguiu lembrar muita coisa do primeiro ano de vida da Fábia porque estava às voltas com a gravidez de Joana. Não lembra quando Fábia começou a falar, quando começou a andar e não lembra a primeira palavra que ela falou. Afirma que amamentou por muito pouco tempo, uns três meses, já que logo descobriu a gravidez de Joana. Em torno dos 10 anos, Fábia foi diagnosticada com artrite idiopática e, posteriormente, com artrite reumatoide. Fábia era acometida por muitas dores e fazia tratamento com anti-inflamatórios e antibióticos por longa data. Tinha relacionamento sexual com diferentes parceiros, não tinha relacionamento estável e não tinha filhos. Falava pouco em casa com o pai e com os irmãos mais novos. Tinha bom relacionamento com os sobrinhos. A primeira vez que a mãe viu Fábia e Joana abraçadas foi no seu último aniversário, dias antes de ser hospitalizada.

Fábia foi atendida por mim durante a internação hospitalar; foi a óbito por CA (câncer) nos órgãos sexuais (útero e vagina) com metástase. No primeiro dia de atendimento, Fábia relatou que estava bem (apenas com dores) e que estava ali para fazer exames, pois sua barriga tinha crescido muito com um mioma. O abdômen estava extremamente dilatado. A mãe a acompanhava. Confidenciou que Fábia não gostava da comida do hospital e gostava de Coca-Cola, e reclamava que não a estavam deixando tomar o refrigerante. Perguntei o que ela gostava de comer; falou que gostava de purê de batatas; então, conversei com a nutricionista, que autorizou, posteriormente, que suas refeições contivessem purê de batatas. Contou-me que uma amiga levou um pouco de Coca-Cola e que isso a fez feliz porque sentiu algo saboroso. A mãe relatou que a família era espírita e que Oxum era a mãe de Fábia. Em um dos últimos encontros com Fábia, ela narrou à psicóloga que teve um sonho em que Oxum a carregava no colo com um manto azul e a levava em seus braços; disse que se sentiu muito bem e tranquila no colo de Oxum. A mãe contou que frequentavam um Centro de Umbanda e que Fábia incorporava uma criança, riu e disse que Fábia odiava leite, mas sempre que recebia essa criança tomava uma mamadeira de leite e chupava chupeta durante todo o tempo em que estava incorporada. Fábia riu e disse que não conseguia se imaginar tomando leite. Fábia conta que nunca revelou sua crença no meio acadêmico, porque temia a rejeição das pessoas, visto que poderia ser criticada pelos colegas.

No segundo encontro que tive com a paciente, uma tia médica estava lá. A tia estava revoltada com o tratamento que Fábia estava recebendo no hospital e disse que era um erro dos médicos não terem indicado a quimioterapia e optarem pelos cuidados paliativos; asseverou ainda que a sobrinha não era um paciente terminal, que tinha de lutar pela vida da sobrinha. Essa tia passou a ser a médica responsável pelo caso e indicou a quimioterapia para a paciente, alegando que ela não iria deixá-la morrer.

Fábia teve um primeiro contato com o hospital, antes de sua internação, quando foi diagnosticada com endometriose e, após a biópsia, foi diagnosticado o cancro do útero. A equipe médica a encaminhou para um oncologista. Foi a alguns médicos que lhe recomendaram cirurgia e que a alertaram da gravidade do seu caso clínico. Fábia sentiu que nenhum deles era um bom o suficiente para tratar dela. Foi a outro oncologista que lhe afirmou que ela não iria morrer "daquele cancro". Ela gostou desse oncologista. Dias depois, foi internada em um hospital perto da sua casa, graças a um inchaço no membro inferior direito (MID). O oncologista não quis ir ao hospital que Fábia tinha escolhido e sugeriu que ele se internasse no hospital em que ele atendia, fato que resultou em desinteresse de Fábia pelos cuidados do médico em tela e ficasse sem oncologista. Nesse hospital, foi diagnosticada uma trombose no MID, resultante de um cancro do útero com metástase nos órgãos genitais, no intestino e no pulmão. Após exames clínicos, foi considerada fora de condições terapêuticas pela equipe médica. Fábia estava muito debilitada e não contemplava a gravidade do seu diagnóstico, mantendo a esperança de que iria ficar curada e regressar a casa. Não evacuava e regurgitava todos os alimentos que ingeria, no entanto, bebia e comia compulsivamente o purê de batatas que vinha na sua refeição hospitalar.

Fábia estava constantemente acompanhada no quarto pela mãe, pela irmã mais nova ou pela tia. Pedia constantemente que a mãe estivesse presente e cuidasse dela no leito. Não permitia que ela saísse do hospital, mas a mãe, mesmo atendendo a todos os seus pedidos, ausentava-se quando ela achava oportuno. Sentia os pés dormentes e dizia que, quando a irmã mais nova fazia massagem, eles melhoravam.

Só conseguia comer purê e líquidos. Na noite da sua morte, quando passou mal e foi conduzida ao CTI, Fábia estava acompanhada pela irmã mais nova, que disse que ela gritava muito que não queria morrer, e falava para a médica de plantão que que ela não iria morrer, que a médica prometeu que ela não iria morrer... Nesse estado a paciente entrou para o CTI, onde foi a óbito. Antes de entrar para o CTI, ela instou a irmã e a médica a jurarem que ela não iria morrer.

## 8.9 ANÁLISE DO CASO

A gravidez e o nascimento da irmã Joana foram indicadores da interrupção precoce da relação mãe-bebê, impedindo a mãe de continuar o vínculo com Fábia, porque a mãe não estava disponível para oferecer o *holding* necessário à integração, sendo assim, a morada da psiquê no corpo foi prejudicada. Fábia foi exposta a frustrações quando ainda não tinha compreensão suficiente para isso, utiliza a mente precocemente, ao invés de experienciar as vivências integradoras do Ego. Organizou-se defensivamente, sua mente ocupou o lugar do ambiente que foi repudiado por Fábia. O ódio à irmã sugere um fracasso da integração, a irmã foi a usurpadora, que ocupou o seu lugar de bebê e tomou a data do seu nascimento. A organização do *psicossoma* de Fábia foi perturbada, provocando uma confusão no alojamento da psiquê no seu corpo. A sua noção de *self* e de "outro que não o *self*", EU e NÃO EU, não se desenvolveu adequadamente na relação precoce com a mãe.

Tendo vivido os cuidados maternos dirigidos à irmã em uma fase muito precoce do seu desenvolvimento, quando ainda não tinha integrado o seu *self*, deu origem ao ódio pelo objeto que a impediu de viver e elaborar os seus sentimentos em relação à mãe e de se construir como indivíduo integrado. A irmã representa o objeto que viveu a experiência que faz parte do seu *self*, a parte que recebeu os cuidados maternos. Quando a irmã se torna a receptora dos cuidados maternos, pode-se pensar que Fábia se sentiu impedida de vivenciar a reparação dos impulsos dirigidos à mãe. Os impulsos destrutivos ficaram sem objeto, inicialmente dirigidos à irmã e depois ao seu próprio corpo. Os vínculos mais próximos eram fortes, o que mostra a busca de segurança, de suporte na relação, contudo, à medida que a relação se estreitava, o outro é repudiado, pois sua mente tem um modo operacional de voltar para si e não para o ambiente, dado que ele não é confiável. Consequentemente, todos os seus impulsos agressivos se direcionaram ao próprio corpo, adoecendo, já que foi a forma de manter o vínculo psiquê-*soma*, o valor positivo da doença, que implicou o manter e sentir o seu corpo, a duras penas, a vinculação psicossomática.

A necessidade de uma mãe dedicada e fisicamente presente durante o processo de internação hospitalar revela a angústia infantil dos cuidados maternos que não foram interiorizados; precisava, portanto, da presença física da mãe para que pudesse vivenciar o processo de integração de suas partes, ainda sem muita clareza do que era Eu e Não Eu. A ausência da mãe fez viver o desamparo e o desespero do bebê que foi frustrado antes do tempo, antes de estar integrado para suportar a falta da mãe. Pode-se considerar que a regressão decorrente da doença e da hospitalização permitiu-lhe reavivar a relação de dependência com a mãe, exigindo que essa se adaptasse às suas necessidades, porém, o tempo foi cruel, o avanço da doença também.

Ao fim de sua vida, Fábia entregou a outros a responsabilidade de mantê-la integrada, pois parecia saber que já não conseguiria lidar com a situação sozinha. Negava o seu estado terminal, a morte representava a desintegração total da vinculação da psiquê com o corpo, que ela vivia com somatizações, pânico e desespero. Para Winnicott (1994), as perturbações no ambiente que não excedem o tempo e a capacidade de o bebê lidar com elas não perturbam a maturação e são importantes para o desenvolvimento dos recursos internos do próprio bebê. No entanto, as perturbações vividas por Fábia excederam a sua capacidade de lidar com elas, produzindo reações que afetaram a formação da identidade e impediram a integração psicossomática saudável.

No presente caso, verificou-se uma falha nas defesas do psiquismo e do corpo, evoluindo para uma doença sem condições terapêuticas e para a morte. As angústias primitivas e a não reparação das agressões, bem como a possível percepção de sua inexistência como sujeito do desejo da mãe, permitiram que o inimigo habitasse no próprio indivíduo, propiciando o desenvolvimento de um processo autodestrutivo. A morte era a resolução do conflito, mas também a impossibilidade real de viver a integração.

O sistema imunológico da paciente não diferenciava o que era dela e o que não era. Buscou exaustivamente, todavia, não reconheceu a capacidade de cuidar no "outro" (ambiente). O Outro não representava segurança, não havia ninguém suficientemente bom para que ela pudesse confiar. Os profissionais de saúde não lhe foram suficientemente bons para que pudesse reconhecer no meio a sustentação, *holding* e *handling*, para que pudesse integrar suas partes não integradas. Ela buscou o cuidado materno, mas não encontrou. Ali, ela queria a mãe somente para ela e, como um bebê, desejava os cuidados maternos primários como alimentar e trocar a sua fralda para que ela pudesse se sentir viva.

As defesas psíquicas mantinham o ego protegido da desestruturação, entretanto, em constante alerta, gerando um nível significativo de estresse para o organismo. O sistema imunológico "fez ataques indiscriminados", não reconheceu as células do próprio corpo e, assim, as defesas contra um ambiente repudiado se reverteram em ataques ao próprio corpo, caracterizando o surgimento de doenças autoimunes – artrite reumatoide e câncer (Winnicott, 2000).

## 8.10 CONSIDERAÇÕES FINAIS

Para que um ser psicossomático se constitua, é necessário desenvolver a confiança no ambiente por meio da acumulação de memórias da maternidade. Um processo de cuidados maternos interrompido sugere abandono, desconfiança em relação ao ambiente e comportamentos agressivos dirigidos ao indivíduo. Se o bebê não vivenciar as agressões dirigidas e apoiadas pela mãe, essas agressões retornam ao corpo, oferecendo condições para a geração de doenças autoimunes.

Pelo estudo apresentado, conclui-se que o desenvolvimento emocional sadio implica um direcionamento para a saúde física, assim como a saúde física é um ponto de partida para o desenvolvimento emocional. Por um lado, a questão é que, se um conflito é consciente, o comportamento pode ser manejado por meio do autocontrole, por outro lado, se o conflito é inconsciente, entre um impulso e o ideal de ego, ele é reprimido, logo, as compulsões, as inibições e as ansiedades são obnubiladas, menos capazes de se adaptar às circunstâncias, e mais danosas para o corpo e para as funções do corpo.

Identifica-se neste capítulo que, a fim de que a experiência de integração ocorra, a mãe precisa ter condições de oferecer cuidados ao seu bebê que permitam a integração. A mãe faz isso com tempo e zelo, mediante o segurar, o amamentar e o banhar. Ao analisar a história de vida de Fábia, constata-se que não houve, de forma efetiva, um envolvimento da mãe com tais cuidados, visto que estava às voltas com a outra gravidez no primeiro ano de vida de Fábia. Ela não tinha alcançado ainda a integração corpo-psiquê e não conseguiu lidar com a entrada da irmã interceptando a sua formação psicossomática, estava em uma fase de dependência com sua mãe, precisava dela para amadurecer e se sentir inteira. Fábia organizou defesas patológicas para manter-se integrada, ficou presa em fase muito primitiva do desenvolvimento emocional e culminou com disfunções somáticas irreversíveis de ataques ao próprio corpo (doenças autoimunes) e morte.

Finalizando, este estudo é um convite aos leitores para que prossigam com pesquisas e estudos fundamentados na leitura psicanalítica winnnicottiana, que propõe um refletir sobre o processo de amadurecimento emocional e as falhas do ambiente que podem facilitar, deformar ou interromper o continuar a ser, próprios da natureza humana, conduzindo o indivíduo ao repúdio do meio em que vive e recusando seus cuidados, adoecendo seu corpo, organizando defesas rígidas e patológicas para manter a vinculação psicossomática.

# REFERÊNCIAS

ARAÚJO, C. A. S. de. Winnicott e a etiologia do autismo: considerações acerca da condição emocional da mãe. **Estilos da Clínica**, São Paulo, v. 8, n. 14, p. 34-56, 2003.

DIAS, E. O. **A teoria do amadurecimento emocional de D. W. Winnicott**. 4. ed. São Paulo: DWW, 2017.

MELLO FILHO, J. **O ser e o viver:** uma visão da obra de Winnicott. São Paulo: Casa do Psicólogo, 2001.

WINNICOTT, C.; SHEPHERD, R.; DAVIS, M. (Org.). **Explorações psicanalíticas:** D. W. Winnicott. Porto Alegre: Artmed, 1994.

WINNICOTT, D. W. A amamentação como forma de comunicação. In: WINNICOTT, D. W. **Os bebês e suas mães**. São Paulo: Martins Fontes, 2006. p. 19-28.

WINNICOTT, D. W. A integração do ego no desenvolvimento da criança. In: WINNICOTT, D. W. **O ambiente e os processos de maturação:** estudos sobre a teoria do desenvolvimento emocional. Porto Alegre: Artmed, 1983.

WINNICOTT, D. W. Desenvolvimento emocional primitivo. In: WINNICOTT, D. W. **Da Pediatria à Psicanálise:** obras escolhidas. Rio de Janeiro: Imago, 2000.

WINNICOTT, D. W. **A família e o desenvolvimento individual**. 3. ed. São Paulo: Martins Fontes, 2005a.

WINNICOTT, D. W. A mente e a sua relação com o *psicossoma*. In: WINNICOTT, D. W. **Da Pediatria à Psicanálise:** obras escolhidas. Rio de Janeiro: Imago, 2021a.

WINNICOTT, D. W. **Natureza humana**. Rio de Janeiro: Imago, 1990.

WINNICOTT, D. W. Notas sobre anormalidade e ansiedade. In: WINNICOTT, D. W. **Da Pediatria à Psicanálise:** obras escolhidas. Rio de Janeiro: Imago, 2021b.

WINNICOTT, D. W. **O gesto espontâneo**. 2. ed. São Paulo: Martins Fontes, 2005b.

# 9 FIBROMIALGIA, NA FALTA... A ALMA DÓI

*Ramona Edith Bergottini Palieraqui*

> A Somatização no caso da Fibromialgia, é uma alternativa para se lidar com a dor da perda ou experiência traumática, em que o funcionamento psíquico fica apagado, sendo impossível qualquer tipo de elaboração. Na ausência da mente, o corpo se oferece com o intuito de manter uma mínima organização que permita a sobrevivência mental (Furtado, 2023).

Este capítulo aborda a fibromialgia, patologia até o momento entendida como produto de afecções provenientes tanto de ordem física quanto da psíquica, caracterizando, portanto, uma manifestação psicossomática. No desenvolvimento do trabalho, vamos justificar a visão desta patologia como eminentemente psicossomática, a partir de uma leitura psicanalítica.

Marcado pelo biológico, o bebê humano, ao nascer, é completamente dependente do adulto cuidador para que possa sobreviver, ele deverá ser entrelaçado pelos braços e pelo colo de seu cuidador, daí por que falamos do somático quando estamos diante de um quadro sintomático que aponta para a fibromialgia.

Essa patologia, sem diagnóstico preciso, cujas dores crônicas sem uma causalidade orgânica observável, produtora de uma fonte de sofrimento intenso para aqueles dela acometidos, desafia tanto a clínica médica quanto a psicológica.

> Embora seja reconhecida há muito tempo, a fibromialgia tem sido seriamente pesquisada há quatro décadas. A fibromialgia não era considerada uma entidade clinicamente bem definida até a década de 1970, quando foram publicados os primeiros relatos sobre os distúrbios do sono. O conceito da fibromialgia foi introduzido em 1977 quando foram descritos sítios anatômicos com exagerada sensibilidade dolorosa, denominados

*tender points* nos portadores desta moléstia. Também foram documentados distúrbios do sono, inclusive, quando induzidos experimentalmente, podendo reproduzir os sintomas de dor e sensibilidade muscular vistos nesta síndrome dolorosa crônica (Helfenstein Junior *et al.*, 2012).

Caracterizada por quadro de dor musculoesquelética crônica, tratada na medicina pela reumatologia como uma "doença reumática", reúne variados sintomas, justificando a síndrome, com várias *causas possíveis* e manifestações clínicas: fadiga, indisposição geral, distúrbios do sono, sendo a dor moderada ou severa seu principal sintoma. Diversas dores, inúmeras dificuldades, e diferentes órgãos reclamando de que algo não está bem, contudo sem visibilidade e comprovação concreta.

> Situada na fronteira entre a reumatologia e a psicopatologia psicossomática, com seu cortejo de transtornos, conduz a uma degradação da qualidade de vida no plano profissional, social e/ou familiar. Dados epidemiológicos apontam uma maior incidência dessa entidade clínica controversa em mulheres jovens. A falta de evidências na materialidade do corpo e a presença de fatores psicopatológicos problematizam seu diagnóstico e tratamento (Besset *et al.*, 2010, p. 1246).

O Dr. Carlos von Mühlen (2021), sobre a cura, nos diz que "[...] determinada linha da medicina admite a posição de certo controle em cima da ideia de alteração de percepção central da dor", e ainda que, para a medicina, o cérebro tem percepção da dor, alodinia. Entretanto, continua o "o que a medicina nos diz hoje pode não ser o de amanhã".

> Neste sentido, qualquer ciência objetiva, por seu método e seu objeto, é subjetiva em relação ao futuro, já que, a menos que a consideremos perfeitamente acabada, muitas das verdades de hoje serão consideradas como erros do passado (Canguilhem, 2000, p. 173).

De acordo com Canguilhem (2000), que se debruçou em diferenciar o normal do patológico, o homem normal é aquele cujas características são coerentes com sua natureza biológica "em que a paz, a preguiça, a indiferença psíquica são trunfos importantes para a conservação de uma fisiologia normal", aspectos de que o paciente fibromiálgico está bastante distanciado.

A fibromialgia se caracteriza sintomaticamente por dores nas pernas, nos braços e na cabeça, havendo "18 pontos, nove de cada lado: inserção suboccipitais na nuca, ligamentos da vértebra cervical, borda rostral do trapézio, músculo supraespinhal, junção do músculo peitoral com a articulação costocondral, abaixo do cotovelo, região glútea e joelhos" (Helfenstein Junior *et al.*, 2012). Além desses pontos, a pele apresenta sensibilidade exagerada, onde apenas o encostar já produz dor. Também são observados alteração do sono, fadiga, quadro de depressão ou ansiedade, cefaleia tensional ou enxaqueca, tontura, vertigens, alteração do hábito intestinal, alterações cognitivas, como falta de memória ou concentração, como parte deste sofrimento, não necessariamente todos presentes em todos os pacientes. Entretanto, a dor crônica generalizada é o sintoma pontual. Ocorre em qualquer idade, e com maior incidência no sexo feminino.

Apesar de sua etiologia obscura, nós a entendemos como uma patologia justamente como mostra o próprio significado da palavra, "... pois implica em *pathos*, sentimento direto e concreto de sofrimento e de impotência, sentimento de vida contrariada" (Canguilhem, 2000, p. 106).

O tratamento da fibromialgia deve ser multidisciplinar, e sua etiologia parece remeter a uma multiplicidade de fatores causais, com ausência de um órgão específico adoecido. Em seu tratamento, é importante a participação ativa do paciente, uma vez que o todo da pessoa sofre com ela. O tratamento deve, ainda, adotar uma combinação das modalidades farmacológicas e não farmacológicas, para se alcançar os resultados desejados, tais como: "a vida, uma vida longa, a capacidade de reprodução, a capacidade de trabalho físico, a força, a resistência à fadiga, a ausência de dor, um estado no qual sente-se o corpo o menos possível, além da agradável sensação de existir" (Canguilhem, 2000, p. 93). Este conjunto faz do ser humano o mais próximo do ser normal.

Além do uso de medicamentos, muitas vezes, os atendimentos médicos indicam a psicoterapia, porém mais de viés comportamental. A psicanálise, contudo, é o nosso foco precípuo de modalidade de atendimento, uma vez que se debruça sobre os aspectos subjetivos do sofrimento dos pacientes na relação com os transtornos ligados à fibromialgia, tais como dor, fadiga, mal-estar, transtorno do sono, depressão, estresse crônico do trabalho. É importante também destacar que, apesar de todo esse quadro sintomático, não há impedimento ao trabalho, pois não há evidência científica na literatura de que a fibromialgia possa ser causada pelo trabalho (Helfenstein Junior *et al.*, 2012). Muitas vezes o paciente muda de atividade profissional, mas o exercício do trabalho é até recomendável.

A fibromialgia é considerada uma doença psicossomática – M79.7 (CID10) –, sendo o dia 12 de maio o Dia Mundial de Conscientização e Enfrentamento à Fibromialgia, "A borboleta é abraçada como um símbolo da sensibilização da Fibromialgia". De acordo com a OMS, 150 milhões de pessoas sofrem dessa patologia.

Figura 9.1 – Símbolo da fibromialgia.

Fonte: @fibromialgiadorcronica, 2022.

A representação da fibromialgia pela lagarta tem analogia com a transformação: a lagarta – um ser sem cor, rastejante, preso à terra, à matéria, com seu corpo todo colado –, quando prevê chegar seu fim, constrói um casulo. Ali, fica só, voltando-se para dentro de si, buscando sua verdadeira essência. Assim como o ser humano o faz, desde a infância, buscando sua autenticidade. Esta autenticidade, porém, muitas vezes, não chega nem a aparecer devido não só a aspectos da nossa própria constituição interna, quer dizer, de nosso funcionamento pulsional, como também pelo que vem do exterior, e que acaba por nos moldar fazendo com que o sujeito se submeta a uma autoridade externa e se afaste de formas mais espontâneas de seu ser. Por sua vez, a lagarta, ao querer alcançar sua essência, se derrete no casulo em que está fechada e se transforma em uma *borboleta*: sai da colagem à terra e voa, vai para o ar, momento em que se *descola para decolar*, vivendo sua liberdade, assim como o humano, ao adquirir sua liberdade. A borboleta significa *transformação física*. De acordo com Cardoso *et al.* (2010, p. 1215),

> a insistência da queixa, dirigida em primeira e última instância ao outro, tão presente no atendimento dos pacientes fibromiálgicos, parece sinalizar para a sua tentativa de transformar a passividade em atividade, visando, desta forma, dominar os elementos irrepresentáveis.

## 9.1  A DOR NA FIBROMIALGIA

A dor, representação da fibromialgia e sua principal característica, é subjetiva, sendo uma experiência única, individual, porém de natureza universal; contudo, da mesma forma que a fibromialgia tem seus pontos de dor, também estes são individuais em seu sentir, apresentando diversas características. A dor "é um fenômeno individual monstruoso e não uma lei da espécie" (Canguilhem, 2000, p. 71), daí entendermos a insuportabilidade da dor nos portadores de fibromialgia.

Abordando um pouco mais a respeito da dor, Hannah Arendt (2010, p. 115) faz referência à romancista Karen Blixen ao dizer que: "[...] Todas as dores podem ser suportadas se você as puser em uma história ou contar uma história sobre elas". Ao nos referirmos à dor fibromiálgica, assim como nos estados depressivos, precisamos ter em mente a dimensão do que é atual, presente, mas sem nos esquecermos de "que o atual está além como factual, pois diz respeito a uma impossibilidade de historicização, a um fundo traumático que resiste à rede de representações e constituição do universo psíquico do sujeito" (Tomazetti *et al.*, 2020, p. 47), contrariando a posição da romancista Karen Blixen. A história do sujeito se dá a partir da relação com o outro, o que, diante da dor, se prenuncia a falha nesta relação.

Apesar de a dor não ser uma lei, como nos diz Canguilhem (2000), ela é constitutiva da espécie humana. Na medicina, ela é vista a partir da queixa física do paciente e é tratada com terapia medicamentosa, mas, como a vivência da dor é sempre algo subjetivo, é a psicanálise, no nosso entendimento, que permite uma escuta mais singular levando a sua transformação, pela simbolização, dando sentido às vivências humanas geradoras de sofrimento. A dor é entendida, na psicanálise, como uma comunicação, uma expressão e um direcionamento ao outro.

A grande dificuldade da dor na fibromialgia é que ela não se apresenta visivelmente, não há um corte, um machucado, uma alteração física que a mostre, daí a dificuldade em ser entendida pelo outro. Porém, e por isso mesmo, vale ressaltar a importância da participação da família no reconhecimento dessa dor, uma vez que "a dor física concentra todas as dores, é um continente das infelicidades, e o apego à dor e à doença passa a ser o eixo da vida" (Semer, 2012, p. 191). Toda experiência de dor física traz repercussões psíquicas, do mesmo modo que o sofrimento psíquico é também acompanhado de sensações corporais. A dor é um rompimento, uma separação, uma perda, uma violência, como também um excesso de estímulo que se dilui no corpo, causando um sofrimento inimaginável.

## 9.2 A DOR CONCEBIDA PELA PSICANÁLISE E A DOR FÍSICA

As questões referentes à dor perpassam quase que toda a obra de Freud, que a introduziu como "dor na alma". No **Projeto para uma Psicologia Científica** (Freud, [1895 (1988 p. 409)]), a dor é vista como uma entidade *global*, em uma visão quantitativa de estímulos externos e internos, os quais tendem a ser descarregados.

> As causas precipitadoras da dor são, por um lado, o aumento da quantidade: toda excitação sensível, mesmo a dos órgãos

sensoriais mais suscetíveis, tende a se transformar em dor à medida que o estímulo aumenta. Uma quantidade de estímulo externo que atua diretamente sobre as terminações dos neurônios físicos, e não através dos sistemas de terminações nervosas, produz a dor (Freud, [1895 (1988 p. 409)]).

Ainda no **Projeto**, o autor faz a distinção entre dor e sofrimento, dor e desprazer, dor e angústia, bem como a ligação entre dor e desamparo. Para Freud, desde o **Projeto**, a dor estaria presente no psiquismo pelo imperativo das intensidades, não sendo possível eliminá-las pela via nervosa do reflexo. Para eliminar as intensidades dos estímulos, responsável pelo desprazer, consequentemente pela dor, o aparelho psíquico teria de delinear destinos de satisfação, regulando-as pelo princípio do prazer, inscrevendo as intensidades no campo da experiência de satisfação, pelo caminho da construção do desejo. Para ele, a condição de desamparo é a dor primordial do ser humano, que só desaparece temporariamente e com a presença do *Outro*. O *Outro* é o fator indispensável para o atendimento do desamparo, sendo a partir dele que se inicia a relação com o objeto. A separação do bebê do objeto é o que produz o trauma. Porém, no caso da fibromialgia, um cuidado pouco efetivo nessa relação pode acarretar uma tendência a um quadro de sofrimento físico e dores.

No **Projeto**, Freud opõe vivência de dor e vivência de satisfação. Portanto, o par de opostos assim criado não é, como seria de se esperar, prazer-desprazer, sendo que o par desprazer-prazer rege o curso da vivência de satisfação, e o par prazer-desprazer rege o curso da dor. A dor é produzida por um fenômeno de ruptura de barreiras que ocorre "[...] quando quantidades de energia excessivas invadem os dispositivos de proteção", produzindo um aumento de tensão no aparelho psíquico, provocando facilitações no aparelho. Essa quantidade excessiva estimula o aparelho a descarregá-la diretamente sem que haja defesa para inibi-la. A dor é consequência de uma violação dos dispositivos de paraexcitações, é o aumento de estimulação no aparelho psíquico, quando as barreiras protetoras não mais dão conta de impedir a entrada de grandes quantidades de excitação, agindo como uma excitação pulsional constante. A vivência da dor, pela qual a criança pequena passa inevitavelmente, independe de suas vivências de necessidade não satisfeita. A dor emana da periferia: pele ou órgão interno. Como nota Freud, não encontramos nesses aspectos essenciais a definição da dor, nem a perda do objeto nem a nostalgia presentes na reação de angústia. No caso da dor psíquica, não haveria motivo para levar em consideração o papel desempenhado pela periferia no caso da dor corporal. Além disso, as condições econômicas seriam as mesmas, quer se trate de um investimento nostálgico dirigido para o objeto faltante ou perdido (angústia) ou do investimento concentrado numa parte lesada do corpo (dor) (Pontalis, 2005, p. 270).

Na dor física, o excesso de estímulo não tem sua descarga adiada, pois a energia é regida pelo funcionamento do processo primário. Essa energia não está ligada a representações, à realidade, ao pensamento, nem mesmo há uma associação por parte do paciente que ligue a dor a representações psíquicas. Na dor crônica (dor física, principal característica da fibromialgia), a energia é transferida para o registro corporal como último recurso para conter o transbordamento de excitações no psiquismo, tendo a dor física a função de proteção do aparelho psíquico. Um organismo vivo necessita do escoamento do excesso para poder sobreviver. Até aqui estamos vendo a dor crônica com a função de proteção do aparelho psíquico, pois quem ou o que ajudaria o ser humano na contenção desse excesso? O destino que se dá ao excesso é tão fundamental que vai marcar o modo de viver e de sobreviver, tanto individual quanto socialmente. Podemos dizer que a vicissitude dada ao excesso é a marca de um sujeito, o constituinte de sua singularidade.

Ainda no **Projeto** (Freud, [1895 (1988)]), como também na **Interpretação dos sonhos** (Freud, [1900 (1985)]), a noção de desprazer causado pelas tensões internas da necessidade faz com que o sujeito *alucine* o objeto desejado, que presumivelmente saciará as exigências de satisfação. Contudo, a alucinação faz uma passagem à representação do objeto do mundo exterior, sendo que a passagem da alucinação para a representação está associada à entrada do princípio da realidade, o qual permite um *adiamento* da obtenção do prazer, para que haja uma alteração efetiva no mundo exterior. A partir da intervenção do princípio da realidade, a descarga motora do princípio do prazer se transforma em ação, e esta é possível somente se o sistema retém a energia, permitindo que ela *escoe* gradualmente. Esta ação impede o desprazer gerado pela descarga maciça, quando o desejo é acionado pela alucinação. Com a interferência de uma outra pessoa, a descarga total se desdobra para a repartição da energia em descargas menores.

Como já dissemos, em seus primeiros tempos, o ser humano, por sua constituição, encontra-se em *estado de desamparo*, precisando dos cuidados de um outro para atender suas necessidades. Paralelamente à satisfação de suas necessidades, surge uma outra força que não é mais da ordem do biológico, mas de um alívio de tensão, produzindo o prazer, cujo objeto é buscado e nunca encontrado, pois este primeiro objeto não foi propriamente perdido, já que nunca existiu.

> O organismo humano é, a princípio, incapaz de levar a cabo essa ação específica. Ela se efetua por meio da *assistência alheia*, quando a atenção de uma pessoa experiente é atraída para o estado em que se encontra a criança, mediante a condução da descarga pela via de alteração interna (Freud, [1895 (1988 p. 362)], p. 362).

Na fibromialgia, esse estado de desamparo aflora a partir de uma estimulação interna, porém, diante da ausência de "uma assistência alheia", acrescida das dificuldades no que concerne à integridade da tópica psíquica, há um transbordamento desse excesso de estimulação pulsional, levando à convocação do registro do corpo, onde esse excesso pulsional se manifesta na vivência da dor, a qual, mediante a repetição compulsiva, se transforma em uma dor crônica.

A dor, no **Projeto**, ocorre quando as excitações externas têm força suficiente para romper a tela de proteção antiestímulo, produzindo grande aumento de tensão no psiquismo; essa quantidade adentra o aparelho violentamente, provocando facilitações permanentes no aparelho, percorrendo-o sem encontrar obstáculo. O rompimento das barreiras de contato, diante dessa grande quantidade de energia, promove uma facilitação, impelindo o aparelho a descarregá-la diretamente sem que o Eu possa inibi-la. Apesar de sabermos que não há limite entre a dor física e a dor psíquica, toda experiência de dor física faz repercussões psíquicas, do mesmo modo que o sofrimento psíquico é também acompanhado por sensações corporais. Contudo, a dor física tem uma dupla dimensão, a da efração e a de reação defensiva, como por exemplo a passagem ao ato, onde se inclui a fibromialgia.

Vamos dar um salto cronológico na obra de Freud, indo para 1926, em seu texto **Inibição, Sintoma e Angústia**, onde traz novas concepções teóricas, ao diferenciar a dor psíquica da dor física.

Na dor física há um forte investimento no local em que o corpo dói, sendo um investimento narcísico, aumentando cada vez mais, e age sobre o Eu de modo "esvaziador", diz Freud. Pela leitura psicanalítica, sabemos que, ao sentir dor em órgãos internos, temos noções espaciais e de outro tipo das partes do corpo envolvidas, que normalmente não são representadas na imaginação consciente. Também é fato notável que, havendo distração psíquica gerada por um interesse de outra espécie, as mais intensas dores físicas não aparecem, com Freud [1920 (2020)] nos dizendo que há concentração de investimento no representante psíquico do local dolorido do corpo. Neste ponto parece estar a analogia que permite a transferência da dor para o âmbito psíquico.

A passagem de dor física para dor psíquica corresponde à mudança de investimento narcísico (físico) para objetal (psíquico). O autor nos diz que:

> A noção de objeto altamente investida pelas necessidades desempenha o papel do local do corpo investido pelo aumento de estímulo. A natureza contínua do processo de investimento e a impossibilidade de inibi-lo produzem o mesmo estado de desamparo psíquico. Se a sensação de desprazer que então nasce tem o caráter específico da dor (que não pode ser mais precisamente definido), em vez de manifestar-se na forma de reação da angústia, é razoável atribuir isso a um fator ainda pouco aproveitado em nossa explicação, o alto nível de investimento e ligação em que ocorrem tais processos que conduzem à sensação de desprazer (Freud, [1926 (2014 p. 123)], p. 123).

De acordo com Cardoso (2010, p. 1207), "a dor física poderia ser considerada como uma reação defensiva do psiquismo, pelo fato de desencadear um movimento energético, uma redistribuição de energia, tal qual uma contraforça para equilibrar a quantidade de excitação no psiquismo". Ou seja, para ela, a dor é um recurso para dominar a excitação traumática, pela instauração dessa excitação em uma parte do corpo. Frente ao esvaziamento do Eu, do excesso pulsional, a dor física emite uma excitação constante para contrainvestir o excesso pulsional que transbordou no aparelho, formando uma paraexcitação que o protege de danos maiores.

## 9.3 FIBROMIALGIA: A DOR PSÍQUICA E A EXCITAÇÃO TRAUMÁTICA

Em **Além do princípio do prazer**, o modelo da *vesícula* possibilita uma comparação entre o trauma e a dor. A *vesícula viva* possui uma camada cortical receptora de estímulos. Esse pedacinho de substância viva paira em meio a um mundo exterior carregado de grande quantidade de energia e seria aniquilado pelos efeitos dos estímulos externos, se não possuísse um *protetor contra estímulos*. Este protetor é adquirido quando sua superfície mais externa abandona a estrutura própria do ser vivo, quando esta estrutura se torna inorgânica e passa a agir como uma membrana que detém os estímulos, fazendo com que as energias do mundo exterior possam penetrar, com uma fração de sua intensidade, nas próximas camadas que continuaram vivas. Nos organismos vivos, a camada receptora de estímulos da antiga vesícula retraiu-se para o interior do corpo, mas os órgãos dos sentidos que estão na superfície *contêm* dispositivos para a recepção de efeitos específicos de estímulos, como também dispositivos especiais para a proteção posterior contra a quantidade excessiva de estímulo e para deter tipos inapropriados de estímulo. Sua função é elaborar apenas quantidades mínimas de estímulo externo e coletar amostras do mundo externo. Contra o que vem de fora há proteção, porém a proteção é impossível para a excitação que vem de dentro, onde as excitações propagam-se diretamente e em proporção não reduzida em direção ao sistema e provocam um aumento muito grande do desprazer.

As excitações que vêm de fora são suficientemente intensas para romper as proteções e são de caráter traumático, pois, quando este volume de energia entra no aparelho psíquico, produz o trauma. Em

**Além do princípio do prazer** (Freud, [1920 (2020)]), a noção de trauma tem uma aproximação com aquela da *dor* elaborada no **Projeto para uma Psicologia científica** (Freud,[1895 (1988)]), quando a dor é definida como a ruptura das telas protetoras contra as excitações *externas*; ou seja, a dor é o próprio excesso" (Fortes, 2012, p. 92).

O modelo do trauma demonstrou que o pulsional é traumático, traduzindo a pulsão de morte no próprio impacto traumático, produzido pelo excesso pulsional. Segundo Cardoso (2010), em 1920, "Freud analisara essa questão relativa à transferência da energia para o corpo a partir da distinção entre a dor física e trauma. A dor seria uma efração do escudo protetor em área limitada e o trauma uma efração em grande extensão" (Cardoso, 2010, p. 1207).

A questão principal do texto (1920), a saber, a pulsão de morte, é irredutível ao campo da representação e ao princípio do prazer, e é pela reflexão sobre o trauma que Freud chega a essas considerações. A conexão do pulsional com o traumático destaca a ideia da pulsão como força não inscrita na representação, não sendo assimilada ao universo significante e irrompendo como um corpo estranho, que não obedece ao princípio do prazer.

## 9.4　A FADIGA E A FIBROMIALGIA

Outras características marcantes na fibromialgia são o cansaço, a fadiga, o esgotamento subjetivo, a depressão, os quais impedem a movimentação do paciente, configurando um paradoxo quanto à fibromialgia, já que, por ser uma patologia do ato em que o excesso pulsional não segue seus caminhos de recalque, sublimação, mas ficando enquistado no aparelho psíquico, sem possibilidade de elaboração nem de representação, encontra o caminho atuando no próprio corpo, que tenta por si só dar conta destas situações, muitas vezes recusando ser auxiliado.

A incapacidade do paciente fibromiálgico em se relacionar com o mundo à sua volta parece ter se exacerbado nos dias de hoje pelas características próprias ao modelo de sociedade da atualidade. O cansaço, o esgotamento subjetivo e essa incapacidade de agir no mundo se articulam ao cenário de uma sociedade pautada na lógica do desempenho e da autorrealização. Nesse modelo, podem-se perceber significativas transformações no campo da família: a criança é atravessada por muitas cobranças e desde cedo objetiva-se sua independência, levando-a, muitas vezes, a ter de se virar sozinha, além da pressão sobre seu desempenho. Algo parecido ocorre no quadro da fibromialgia: às vezes, a boa aparência física do paciente e a dificuldade do outro ao não ver seu sofrimento palpável fazem com que sua dor seja desacreditada, obrigando-o a tornar-se seu próprio cuidador, muitas vezes sem ter os recursos para tanto.

Para Ehrenberg (1988), na contemporaneidade, há um deslocamento da sociedade disciplinar para a sociedade do desempenho, bem como uma mudança nos laços familiares e sociais, principalmente no que concerne ao declínio da vida pública, às mudanças na responsabilidade pessoal do sujeito. A problemática subjetiva é uma consequência dessa demanda social que pode conduzir o sujeito a um estado de esgotamento, de fadiga psíquica, chamada de "fadiga de ser si mesmo". Novas configurações subjetivas advêm da sociedade do desempenho que envolve um processo de excessiva responsabilização do indivíduo, com uma certa diluição de regras relativas a costumes e tradições, uma das marcas da sociedade moderna, encontrando-se na base um significativo declínio das figuras de autoridade. Essa maneira de ser se apresenta como uma doença da responsabilidade a qual caracteriza um sentimento de insuficiência" (Ehrenberg 1988 *apud* Scholz, 2020, p. 20). Assim como o deprimido, o paciente fibromiálgico também "está fatigado de ter de se tornar ele mesmo". A borboleta abraçada, como símbolo da sensibilização da fibromialgia, sugere que este paciente, nesta fuga de si mesmo, procure, paradoxalmente, se aproximar mais do que lhe é mais caro, do que lhe faça mais sentido, possibilitando uma transformação em sua subjetividade, a fim de que possa abandonar o estado rastejante e efetuar um voo que o leve a lugares outros, que não só o da dor.

Esse peso muito agudo dado à dimensão do desempenho, aliado a outros fatores, parece favorecer, nessas novas configurações subjetivas, a emergência de estados depressivos. O entrelaçamento entre as dores crônicas, a fadiga, a depressão e a ideia de uma alternância de transtornos em função do estado psíquico e da experiência subjetiva do paciente confirma a proposta de um acompanhamento psicoterápico na patologia que está sendo estudada.

Em sua dissertação de mestrado **Aspectos depressivos hoje: aspectos narcísicos e objetais**, Scholz (2020) se utiliza das contribuições de Taisne (2010), ao defender que a condição de "fadiga de ser" seria uma tentativa de *holding* do sujeito que busca um suporte para a constituição e manutenção do Eu, o que nos sugere o reenvio do sujeito para suas primeiras relações objetais, para as primeiras experiências do bebê com seus cuidadores.

## 9.5 AS RELAÇÕES DE OBJETO DO PACIENTE FIBROMIÁLGICO

De acordo com Cardoso (2010, p. 1214), "A representação do objeto materno no psiquismo assegura a delimitação das fronteiras entre o eu e o outro. A dor crônica pode ser considerada como um estado limite, uma vez que, neste tipo de quadro clínico, as fronteiras entre o eu e o outro são tênues demais, o sistema de paraexcitação interno, tendo sido ineficiente para conter o excesso pulsional", havendo uma ênfase especial à questão da alteridade. Havendo falha no sistema de paraexcitação, nos estados limites, os mecanismos de defesa presentes, decorrentes da presença de elementos traumáticos, bem como falhas na capacidade são as passagens ao ato e à convocação do corpo.

Ao nascer, o bebê dirige-se ao outro para continuar vivo e mesmo para desenvolver-se; este outro, em princípio, é a mãe, que lhe garante não apenas a satisfação de suas necessidades vitais, mas que funciona como uma película que o envolve, assegurando-lhe ao mesmo tempo uma proteção contra os estímulos que o bebê ainda não é capaz de assimilar. Sabemos também que a pele é, desde a vida intrauterina, um dos principais órgãos que são estimulados no contato entre a mãe e o bebê, propiciando o processo de maturação do bebê, o desenvolvimento da motricidade, das relações com os outros, da linguagem até o desenvolvimento do aparelho psíquico, cuja função essencial é a de assimilação e elaboração dos estímulos provenientes da realidade externa e do meio interior. O objetivo deste desenvolvimento é garantir o equilíbrio de um organismo permanentemente solicitado por estímulos externos e internos. No percurso do desenvolvimento humano surge formação de estruturas, de dinâmicas e de funções cada vez mais complexas, porém o organismo pode responder às solicitações com respostas primitivas, menos elaboradas do que é ou já foi capaz. Percebemos que o ser vivo não é apenas objeto de organizações, de associações, mas também de movimentos regressivos, desorganizadores e de destruição, possibilitando o surgimento das patologias. A dor física poderia ser considerada como uma reação defensiva diante dos estímulos externos e internos, fazendo uma redistribuição da força deles para equilibrá-las no aparelho psíquico.

A relação médico-paciente, pelo deslizamento das representações, tende, às vezes, a repetir o padrão de relação estabelecido entre o bebê e sua mãe, já que o médico passa a ocupar o lugar próprio daquela responsável pelos cuidados, no qual se buscará o toque, o consolo e, em última instância, os meios para a construção de uma via de sentido para a experiência vivida.

> Mas o saber médico parece não dar conta da demanda desses pacientes que sofrem e se queixam. Os pacientes dolorosos crônicos que procuram atendimento parecem inconsoláveis: a dor física parece protegê-los da dor psíquica. Desfazer-se da dor física significaria em última instância deparar-se com a ausência materna, o que poderia ser ainda mais destrutivo do que suportar a dor física (Cardoso, 2010, p. 1217).

Para falarmos da relação médico-paciente, utilizamos neste momento a posição de Costa (2012), para quem a carência de um vínculo empático na primeira infância impossibilita o bom desenvolvimento da subjetividade e da atividade fantasmática, tendo como uma de suas consequências a manifestação de patologias nas quais um narcisismo, com atividades mentais empobrecidas, é acompanhado de uma tendência a somatizações. Para o autor, diante de pacientes com queixas corporais, bem como outros, regredidos, faz-se necessário um novo paradigma capaz de ampliar a psicanálise, tendo em vista a presença de uma mente primitiva, carente de instruções psíquicas e de subjetividade. De acordo com o autor acima referido, todas as pessoas apresentam pontos de vulnerabilidade em seu desenvolvimento primitivo e, em momentos de maior exigência, podem regredir e apresentar uma patologia do desvalimento, relativa à ocorrência de uma situação traumática, que teria por fundamento justamente essa vivência de um desamparo excessivo por parte do Eu, diante de um acúmulo de excitações não suficientemente acolhidas pela mãe ou pelo adulto cuidador. Tais pacientes apresentam uma forte tendência a desenvolver sintomas somáticos, que costumam ser subestimados e podem levá-los à morte.

Ainda segundo o mesmo autor, neste quadro sintomático, em sua relação com o paciente, o analista precisará funcionar de forma facilitadora, reanimadora, explicativa, discriminativa e inter-relacionada. O analista deve demonstrar uma atividade com vitalidade, contrastando com a passividade do paciente diante da dor e do cansaço.

O autor assinala que, no campo da contratransferência, o analista corre o risco de se identificar com o paciente, contaminar-se por seu desânimo e apatia ou entrar em um estado de impaciência ou raiva por não conseguir tirá-lo da passividade. Os terapeutas, por vezes, têm dificuldade em ver o lado mais perturbado do funcionamento psíquico dos pacientes, presos que estão ao desejo de mudança e de evolução, o que nem sempre acontece.

A dor mental ou física é um fenômeno-limite entre corpo e mente, em um complexo de emoções e sensações de ansiedade, aflição, desamparo, para os quais a pessoa não encontra palavras ou representações, e que pode posteriormente ser contido na situação terapêutica. A relação terapêutica exige um terapeuta disponível, que não julgue nem retalie a fala do paciente.

> O atendimento desses pacientes tem mostrado que é possível contribuir para a construção de uma mente capaz de conter emoções e experiências intensas, que até então não puderam ser representadas, significadas e simbolizadas. Por outro lado, o desenvolvimento dessa condição psíquica é lento, artesanal, não linear e com diversos obstáculos em seu percurso (Costa, 2012, n.p.).

De qualquer forma, a possibilidade para os pacientes de terem um encontro humano, com uma escuta privilegiada, que os acolha em sua angústia, solidão e desamparo psíquico, representa uma chance de atingir uma condição de vida mental que vá mais além da pura sobrevivência e dê sentido à existência. Para o analista, é uma oportunidade de ampliação do contato humano com outras realidades, da percepção além da clínica mais tradicional, constituindo um desafio, no sentido de se aventurar por terras brutas, mas férteis. Assim sendo, continuaremos em nossa caminhada na direção das possíveis transformações da dor em crescimento. O objetivo da equipe que trabalha com o paciente fibromiálgico, voltamos a afirmar, é a transformação dessa dor a fim de que alcance novos relacionamentos e novas finalidades em seu viver.

## 9.6   O CASO CLÍNICO

Trazemos aqui um caso em andamento de uma paciente, que permitiu sua apresentação, feito em duas etapas: a primeira ocorreu há aproximadamente 15 anos, e a segunda, em 2020.

### – Primeira Fase do Atendimento

France, 39 anos, é pedagoga, atualmente afastada do trabalho. É solteira e mora com a família, constituída por cinco mulheres. Seu pai faleceu quando ela tinha 18 anos. Aos 20 anos, muda-se de sua cidade natal para fazer faculdade.

A queixa principal na primeira fase de seu atendimento era a sua dificuldade de aprendizagem em algumas disciplinas no curso de Pedagogia.

Chegamos à conclusão de que a dificuldade não era em relação às disciplinas, mas às professoras, associando-as à figura da mãe, que a desvalorizava. France termina seu curso, e faz três pós-graduações: duas relacionadas a Pedagogia Hospitalar e a terceira em Psicopedagogia, saindo-se muito bem. O fantasma cognitivo desaparecera.

Não costumava faltar às sessões evidenciando um bom vínculo com o tratamento, com a transferência se fazendo presente. Também nessa primeira fase do tratamento, queixa-se por ter sido molestada por um parente mais velho. Ao tentar abordar o assunto, foi desmentida pela mãe, quando esta lhe diz: "deve ser o assento da bicicleta". France fica muito triste por não ter ninguém que a acolha. Ferenczi nos diz que "a dor do desmentido é pior que a do trauma". Nesse período, France relata que era vista pela mãe como assanhada, sedutora, pois mesmo sendo ainda criança demonstrava um futuro corpo atraente. Esta atitude da mãe a deixava retraída. Havia um distanciamento no relacionamento com sua mãe.

### – Desenvolvimento Somático x Psíquico x Somatização

Durante os quatro anos iniciais de sua vida, France não tivera a maternagem da mãe, pois esta não dispunha de condições físicas e emocionais para segurar um bebê no colo. A maternagem, porém, é feita pelo pai, com quem teve grande vínculo e afeto – ao falar dele, ela se emociona e chora. Aos quatro anos, é obrigada a se separar do pai, para dar lugar à irmã, que também não fora cuidada pela mãe. A partir daí, dessa separação do pai, já apresenta aspectos somatizantes – tem prisão de ventre ainda bebê, retendo seus dejetos, os quais são retirados com a ajuda de um tio-avô. France sofre muito com essa separação e apresenta outras somatizações.

A relação mãe-bebê, como já apontamos, é de grande importância para o desenvolvimento da vida psíquica. A mãe funciona como uma espécie de escudo protetor diante dos estímulos externos/internos e poderá ajudá-lo a nomear seus afetos, distingui-los e construir recursos para que possa defender-se de crises afetivas e físicas.

A mãe de France ficara encarregada posteriormente de auxiliá-la na eliminação das fezes, para o que fazia uso de supositórios, prática que deixou na paciente lembranças de dor e desconforto. Aos nove anos, nova manifestação psicossomática (o psiquismo não dando conta, France atua). Desta vez vai a outra cidade com recursos para realizar uma cirurgia de retirada de pedras dos rins. Estava com nefrite. Sente muita dor. As enfermeiras desconsideravam sua dor – novo desmentido. Desta vez, foi acompanhada pela tia-avó.

Na adolescência vai para um internato, junto com a irmã menor, ficando responsável por cuidar dela. Lá participou do coral, das aulas de música, frequentava a biblioteca. Também conheceu um jovem por quem se encantou, mas foi a irmã quem namorou ele. France sempre abria caminho aos outros enquanto ela se recolhia. Ao mesmo tempo tem boas lembranças dessa época, dizendo ter sido um período muito bom.

France volta para casa aos 18 anos. Seu pai está com doença de Parkinson. Foi um marco de sofrimento em sua vida, já que não podia fazer nada, sentindo-se, por vezes, culpada por sua impotência. France começa a trabalhar em uma escola pública em sua cidade. Após alguns anos, vem para o Rio de Janeiro e começa o curso de Pedagogia – foi neste período que me procurou para atendê-la, com a queixa da dificuldade de aprendizagem, em especial em algumas disciplinas. Durante a análise vimos que a inibição estava relacionada com a mãe, que sempre a desvalorizava e a constrangia perante os outros. Esta dificuldade se atualizava frente a determinadas professoras. Sanada essa questão, France se forma em Pedagogia. Posteriormente, faz três cursos de pós-graduação: Pedagogia Hospitalar, Pedagogia Administrativa e Psicopedagogia. Depois retorna a sua cidade natal e retoma suas rotinas, desta vez como pedagoga, além de assumir novamente os afazeres domésticos. Em seu atendimento sempre sonhou muito e fazia muitas associações.

### – Segunda fase do atendimento

No final do ano de 2019, France me procura novamente. A queixa, desta vez, era a necessidade de mudar seu comportamento submisso, atendendo à casa, às irmãs, à mãe e à avó, que está com 104 anos e que, apesar de lúcida, precisa de ajuda. Nesta época, trabalhava como pedagoga, fazia o curso de Enfermagem e estágio. Ao voltar à casa, France assumia as tarefas domésticas. Vivia conflitivamente com as irmãs e a mãe. Chora nas sessões. Trabalhamos a questão da servidão ao outro. Neste período aflora a sexualidade em France, apesar de se negar a vivenciá-la.

France se forma em Enfermagem. Por essa época, permite-se arrumar-se: cabelo, maquiagem, ela se embeleza. Porém, surge a pandemia e ela pega COVID, é internada, quase entubada, fica com sequelas, dores, cansaço, tonteiras etc. Meses depois tem câncer de mama: faz tratamento alternativo, com muito sofrimento, e é curada. Nesse mesmo período a mãe também faz tratamento no mesmo lugar que France: inveja?

As dores de France se espalham por todo seu corpo, sendo então diagnosticada com fibromialgia. Ela relata que, apesar das dores, sua família continuava exigindo dela os mesmos trabalhos. France sente-se muito magoada por ninguém a compreender. Trabalhávamos sobre a necessidade de uma mudança de posição sua em relação à família. Lentamente a mudança vai ocorrendo, quando um dia me diz que decidiu viver sua dor até que ela passasse. Diante das dores (endereçadas ao outro), recolhia-se no quarto e exigia que ninguém a perturbasse. A família reclamava de que ela estava diferente, pois mesmo com as dores ela está mais alegre e reclamando menos. Às vezes dizia que após nosso encontro se sentia melhor.

### – A Fase do Duplo "Enamoramento"

No apartamento ao lado, a vizinha recebe seu filho, separado da esposa, e seu neto. Certo dia, o bebê foge para o apartamento de France assim que vê a porta aberta e é acolhido pela família. Como as duas irmãs de France trabalham, coube a ela cuidar da criança, acabando por apegar-se a ela. A certa altura, a criança passa a chamá-la de mãe, o que não a desagrada. O vínculo entre a criança, o pai da mesma e France se estreitam cada vez mais. France demonstra um semblante tranquilo e alegre.

O pai da criança também se afeiçoa a France, que se permite viver a pulsão de vida. As dores da fibromialgia, vez por outra, se manifestam. France conta que foram a um evento: a criança, seu pai, uma das irmãs de France e ela. O pai da criança dirigia o carro, e sua irmã estava sentada na frente, ao lado dele, quando France vivencia um episódio de fibromialgia, dor de cabeça, mal-estar, dores localizadas e enjoo. O sofrimento foi tão grande, que tiveram de parar o carro para France vomitar. France ejeta sua raiva e sofrimento. Depois sente-se melhor. A partir daí decide não mais ir atrás, mas ao lado do pai da criança, que por vezes deixa sua mão esbarrar em sua mão. O vizinho, cada vez mais próximo, sente-se mais íntimo da família, passando a jogar dominó com a avó de France, agora com 107 anos, e sua mãe – France continua cuidando da avó e de sua mãe também. Por esse tempo, a criança fez dois anos e a avó da criança fez questão de apresentar France à família e às amigas. France está bastante animada com sua transformação.

Traçando um panorama da história dessa paciente, observamos que sua infância, marcada pelo abandono e desamparo, levou a uma carência afetiva crônica. Este quadro pode apontar para a falta de um escudo protetor materno, capaz de fazer cessarem as excitações no bebê, configurando uma experiência traumática. Por fim, este caso nos mostra como a necessidade de cuidado, atenção e amor são fundamentais para que se superem as dores da alma e do corpo, com a pulsão de vida prevalecendo sobre a pulsão de morte.

## CONSIDERAÇÃO FINAL

Até o presente momento, a paciente encontra-se livre dos sintomas da fibromialgia. Não significando que no futuro, voltando à sua história, a paciente possa novamente recorrer à fibromialgia como escape da dor psíquica atuando no corpo. A cura não está fechada.

## REFERÊNCIAS

ARENDT, H. **Homens em tempos sombrios**. São Paulo: Companhia de Bolso, 2010.

BESSET, V. *et al.* Um nome para a dor: fibromialgia. **Revista Mal-Estar e Subjetividade**. Fortaleza, v. X, n. 4, dez. 2010.

CANGUILHEM, G. **O normal e o patológico**. Rio de Janeiro: Forense Universitária, 2000.

CARDOSO, M. R. *et al.* Dor física crônica: uma estratégia de sobrevivência psíquica. **Revista Mal-Estar e Subjetividade**. Fortaleza, v. X, n. 4, p. 1203-1219, 2010.

COSTA, G. P. Fibromialgia: aspectos clínicos e ocupacionais. **Revista da Associação Médica Brasileira**. Ribeirão Preto, v. 58, n. 3, jun. 2012.

CRÔNICA, Fibromialgia Dor. **Postagem sobre fibromialgia.** @fibromialgiadorcronica. Instagram, 30 abr. 2022. Disponível em: https://www.instagram.com/fibromialgiadorcronica/p/CdL0MJUrDdk/?img_index=1. Acesso em: 7 jan. 2025.

EHRENBERG, A. **La fatigue d'être soi:** depression et société. Paris: Odile Jacob, 1988.

FORTES, I. **A dor psíquica**. Rio de Janeiro: Cia. de Freud, 2012.

FREUD, S. (1920). **Além do princípio do prazer**. Rio de Janeiro: Autêntica, 2020.

FREUD, S. (1926). **Inibição, sintoma e angústia**. São Paulo: Companhia das Letras, 2014.

FREUD, S. (1900). **Interpretação dos sonhos**. Rio de Janeiro: Imago, 1985. v. 1.

FREUD, S. (1895). **Projeto para uma Psicologia Científica**. Ed. Standard. Rio de Janeiro: Imago, 1988.

FURTADO, F. **Fibromialgia e somatização:** o corpo em resposta à dor psíquica. São Paulo: [Editora], 2023.

GURFINKEL, D. Psicanálise, regressão e psicossomática. *In:* FERRAZ, F. C.; VOLICH, R. M. (Org.). **Psicossoma** – Psicossomática Psicanalítica. São Paulo: Casa do Psicólogo, 1997.

HAN, BYUNG-CHUL. **Sociedade do cansaço**. Petrópolis: Vozes, 2015.

HELFENSTEIN JUNIOR, M. *et al.* Fibromialgia: aspectos clínicos e ocupacionais. **Revista da Associação Médica Brasileira**. 58(3). São Paulo, jun./2012

LAPLANCHE, J.; PONTALIS, J. B. **Vocabulário da psicanálise**. São Paulo: Martins Fontes, 1988.

MÜHLEN C. V. **Fibromialgia**: os sintomas, os tratamentos e as soluções. Transmitido ao vivo em 11/03/2021. 1 vídeo. [Webinar]. Disponível em: https://www.youtube.com/watch?v=80-NhDjYffw. Acesso em: 10 jun. 2023.

NAVAJAS, J. L. **A fibromialgia e as emoções.** Transmissão ao vivo em 24/02/2022. 1 vídeo. [Webinar]. Disponível em: https://www.youtube.com/watch?v=tPQvoTvARCU. Acesso em: 02 jun. 2023.

PONTALIS, J. B. **Entre o sonho e a dor.** São Paulo: Ideias e Letras, 2005.

SCHOLZ, A. L. T. **Estados depressivos hoje:** aspectos narcísicos e objetais (Tese) – março 2020. Universidade Federal de Psicologia – Programa de Pós-Graduação em Teoria Psicanalítica.

SEMER, N. L. **Dor e sofrimento psíquico:** uma reflexão sobre as relações e repercussões corpo e mente. Revista Brasileira de Psicanálise. São Paulo, v. 46, n. 3, p. 188-199, 2012.

TAISNE, J. **A fadiga de ser:** da depressão à melancolia. São Paulo: Casa do Psicólogo, 2010.

TOMAZETTI, M. M. *et al.* **A dor e o vazio:** reflexões sobre fibromialgia e depressão. Revista Brasileira de Psicanálise, v. 54, n. 1, p. 47-59, 2020.

VOLICH, R. M. *et al.* **Psicanálise e psicossomática** – Casos clínicos, construções. São Paulo: Escuta, 2015.

VOLICH, R. M. *et al.* **Psicossomática II:** psicossomática psicanalítica. São Paulo: Casa do Psicólogo, 1998.

# SOBRE OS AUTORES

*Bernardo Arbex de Freitas Castro*

Psicólogo, Psicanalista. Graduado em Psicologia pela UFRJ. Membro associado em formação do Círculo Psicanalítico do Rio de Janeiro. Graduado em Comunicação Social, com habilitação em Cinema pela PUC-Rio.

*Christine Machado Victorino*

Graduação em Psicologia pela Universidade Santa Úrsula (1993), Mestrado em Psicologia Clínica pela Pontifícia Universidade Católica do Rio de Janeiro (1998). Formação em Análise Reichiana pelo Instituto Hólon (1996). Membro associado em formação no Círculo Psicanalítico do Rio de Janeiro (desde 2017). Especialista em dependência de tabagismo. Coordenadora de Psicologia e Psicóloga na Clínica Antitabágica. Psicóloga, Psicanalista. Autora do livro **Morar só**: *Uma Nova Opção de Vida*.

*Dirce de Sá*

Psicanalista e membro efetivo do Círculo Psicanalítico do Rio de Janeiro – CPRJ, com doutorado em Psicologia Clínica pela PUC-Rio e mestrado em História pela Université de Paris VII – Jussieu, Sorbonne Nouvelle, França. Coordenadora e professora do Curso de Transtornos Alimentares da PUC-Rio, presidente honorária da Sociedade Brasileira de Transtornos Alimentares – SoBRaTA. Capacitada em Práticas Colaborativas pelo Instituto Brasileiro de Práticas Colaborativas – IBPC, e associada à Sociedade Brasileira de Reprodução Assistida – SBRA.

*E-mail*: dircedesa.psi@gmail.com

*Luciane Alfradique*

Psicóloga e psicanalista, Mestrado pela UFRJ, Mestranda na Veiga de Almeida. Especialização em Psicoterapia de Grupo – Hospital Pedro Ernesto (UPE) e Pós-Graduação em Psicanálise – USU. Supervisora e Psicóloga na Oncomed Rio, participante do Fórum do Campo Lacaniano Rio, e Gestora, supervisora e coordenadora da Clínica de Psicologia Multidisciplinar.

*Marcia Maria dos Anjos Azevedo*

Psicóloga e psicanalista com mestrado e doutorado em Psicologia pela UFRJ, membro e supervisora do Instituto de Formação em Psicanálise da Sociedade de Psicanálise da Cidade do Rio de Janeiro (SPCRJ). Coordenadora do Núcleo de Psicossomática Psicanalítica da SPCRJ. Atuou como professora associada do Departamento de Saúde e Sociedade no Instituto de Saúde Coletiva da Universidade Federal Fluminense. Professora convidada do Programa de Pós-Graduação em Transtornos Alimentares – Anorexia, Bulimia e Obesidade da PUC-RJ. Membro da Associação Internacional de Psicanálise de Casal e Família (AIPCF), da Sociedade Brasileira de Transtornos Alimentares (SOBRATA) e da Poiesis Analitika, Associação Portuguesa de Psicoterapia Psicanalítica de Casal e Família.

*Nataly Netchaeva Mariz*

Doutora e mestre em Psicologia Clínica pela PUC-Rio, na linha de pesquisa Casal e Família: Estudos Psicossociais e Psicoterapia. Fez estágio doutoral na Université René Descartes – Paris V, Laboratório Psychologie Clinique, Psychopathologie, Psychanalyse (PCPP), e residência em Psicologia Clínica-Hospitalar no Hospital Universitário Pedro Ernesto (HUPE/IP/UERJ). Graduada em Psicologia pela UFRJ. Foi professora temporária da UFF, *campus* Rio das Ostras, lecionando disciplinas como Psicologia Hospitalar, Teorias Psicanalíticas, Psicopatologia Fundamental e Terapia de Família. Tem experiência como psicóloga, preceptora e suplente da coordenação na Residência Multidisciplinar da Saúde do Adulto com ênfase em doenças crônico-degenerativas no Hospital Universitário da UFJF. Atualmente é psicóloga hospitalar no Hospital Universitário Antônio Pedro da UFF e membro efetivo da Associação Brasileira de Psicanálise de Casal e Família.

É autora do livro *A potencialidade narrativa do sintoma psicossomático* e de diversos artigos.

*Regina Glória Nunes Andrade*

Professora titular do Instituto de Psicologia – PPGPS da Universidade do Estado do Rio de Janeiro, Pós-doutora pela Université Paris Descartes, Paris V, Doutora em Comunicação Social (UFRJ), Vice-coordenadora do projeto Vidas Paralelas Migrantes UNB-UERJ, Université Paris NORD (Paris XIII), Coordenadora do ÂNCORA – Grupo de Pesquisas sobre Territórios Sociais (CNPq-UERJ), Pesquisadora Visitante Emérita da FAPERJ.

*Vanuza Monteiro Campos Postigo*

Doutora em Teoria Psicanalítica (UFRJ), doutoranda no Programa de Pós-Graduação em Psicologia Social (UERJ), Mestre em Psicologia (UFRJ), Especialista em Psicologia Clínica (PUC-RIO), Psicóloga (PUC-Rio), pesquisadora no ÂNCORA – Grupo de Pesquisas sobre Territórios Sociais, coordenadora do Instituto de Capacitação e Aperfeiçoamento Profissional (ICAP-RJ) coordenadora da consultoria Família no Mundo Digital.

## ORGANIZADORA

*Ramona Edith Bergottini Palieraqui*

Doutora em Psicologia (UFRJ - 2008). Mestre em Psicologia (Fundação Getulio Vargas - 1987; e UFRJ-2001). Professora do IBMR (1989 até 2013 - disciplinas: Antropologia Cultural, Psicologia do Desenvolvimento, Psicologia da Personalidade e Psicanálise). Coordenadora de Psicologia IBMR (1994 até 2012). Professora de Pós-graduação em Psicanálise do curso de Psicomotricidade - IBMR. Professora de Psicanálise da IES Unisuam - Centro de Educação Augusto Motta (2013 até 2015). Professora de Psicanálise na Climag - Centro de Educação e Saúde - Curso Psicanálise na Atualidade. Formação Psicanalítica: Círculo Brasileiro de Psicanálise. Membro da Formação Permanente do Círculo Psicanalítico do Rio de Janeiro. Autora de livros: *Da Contratransferência a Criação* (Capítulo: Transferência); *Contratransferência: atualização de sentimentos na clínica Winnicotiana*. Coordenadora do Livro - *Adolescência: Uma visão de temas na sociedade contemporânea* (Capítulo: Olhando o Adolescente na Sociedade Contemporânea). Autora do texto O desamparo e a função materna.

## ORGANIZADORA DE NORMAS TÉCNICAS

*Maria Angélica Gabriel*

Psicóloga, Especialista em Psicologia Clínica, Especialista em Psicologia Hospitalar, Mestre em Psicologia Social. Membro do IBPW (Instituto Brasileiro de Psicanálise Winnicottiana). Psicóloga Credenciada da Polícia Federal, da Petrobras, da Petrobras Distribuidora S.A. e da CABERJ. Perita Judicial. Fundadora e diretora do Grupo Educativa. Responsável técnica pela Climag - Centro de Educação e Saúde. Fundadora do Canal #DicasPsi (YouTube). Palestrante e escritora.

*E-mail*: mariaangelicagabriel@hotmail.com

*Site*: www.grupoeducativa.com.br